¡HAGA FELIZ A SU BEBÉ... PERO NO LO CONSIENTA!

¡HAGA FELIZ A SU BEBÉ...
PERO NO LO CONSIENTA!

Burton L. White

Traducción: Enrique Mercado

SIMON &
SCHUSTER

AGUILAR
LIBROS EN
ESPAÑOL

SIMON & SCHUSTER
Rockefeller Center
1230 Avenue of the Americas
New York, NY 10020

Impreso en los Estados Unidos de América

10 9 8 7 6 5

Datos de catalogación de la Biblioteca de Congreso
Puede solicitarse información

ISBN 0-684-81331-9

Aguilar, Altea, Taurus, Alfaguara, S.A. de C.V.
Av. Universidad 767, Col. del Valle
México, 03100, D.F.
Teléfono 688 8966

¡HAGA FELIZ A SU BEBÉ . . . PERO NO LO CONSIENTA!
Título original en inglés:
Raising a Happy, Unspoiled Child

ÍNDICE

A Janet Hodgson-White y su padre, Robert Hodgson,
con gratitud, admiración y amor

AGRADECIMIENTOS

Son ya treinta y seis años los que he dedicado al estudio del desarrollo infantil. En este tiempo he recibido la ayuda de tantas personas que sería imposible mencionarlas a todas, por lo cual me limitaré a citar a quienes participaron directamente en la realización de este libro. Mi esposa y colaboradora Janet Hodgson-White merece ser mencionada en primer término. Ha trabajado a mi lado desde que pusimos en marcha nuestro modelo de educación de los padres. Su esfuerzo ha sido constante pero, más aún, sus observaciones y sugerencias han enriquecido enormemente mis conocimientos.

Marjorie Correia, Terry Glick y mi hija Emily, todos ellos colegas nuestros, han realizado también sustanciales contribuciones a nuestro proyecto. Asimismo, quiero dejar constancia de mi agradecimiento a las familias con quienes hemos trabajado. Jamás imaginé que en esta investigación aprenderíamos tanto acerca del proceso de socialización. Le agradezco también a mi editora, Gail Winston, su entusiasmo por la idea de este libro y su esmerada colaboración.

Burton L. White
Waban, Massachusetts

PREFACIO

Escribí mi primer libro, hace veintitrés años, lleno de temor. El resultado fue una escueta monografía para especialistas que contenía los hallazgos de mi primera investigación sobre bebés durante sus primeros seis meses de vida.

Mi segundo libro, aparecido apenas dos años después, fue el primero de tres informes sobre un extenso y costoso estudio que me tocó dirigir denominado Harvard Preschool Project (1965-1978). Las diecisiete personas bajo mi conducción, y yo mismo, perseguíamos la respuesta a la siguiente pregunta: "¿Qué efectos tiene la experiencia en el desarrollo de las habilidades de un niño durante los primeros seis años de vida?" Los resultados de esa investigación han sido determinantes para mí en todo lo que he hecho desde entonces. Entre mis obligaciones de aquella época estaba la de informar rápida y regularmente sobre nuestros avances, responsabilidad habitual de quien dirige un proyecto de esa naturaleza. Por lo tanto, escribimos aquel libro con la intención tanto de promover nuevos derroteros científicos como, para ser francos, también nuestra personal carrera académica. Como el primero, este libro tampoco iba dirigido al público en general, sino a los investigadores y estudiantes interesados en el tema del desarrollo humano.

Escribí mi tercer libro, *The First Three Years of Life*, en 1974, con verdadero entusiasmo. Luego de nueve años de estar dirigiendo una investigación precursora y de observar a una gran cantidad de padres, madres e hijos en las situaciones cotidianas más diversas —en el hogar, el patio de juegos y la guardería—, estaba seguro de que podía serles de utilidad a los padres y sus bebés. ¡Qué privilegio! ¡Qué idea más estimulante!

Ese libro se ha mantenido en circulación desde 1975. Ya en su tercera edición, ha sido publicado en nueve países aparte de Estados Unidos y leído por millones de personas. Su éxito y, sobre todo, la ayuda prestada a tantas familias en la educación de sus hijos me han deparado enormes satisfacciones.

Pocos años después di a conocer mi segundo libro dirigido al gran público, *A Parent's Guide to The First Three Years of Life*, organizado en forma de preguntas y respuestas a partir de las dudas que muchos padres y madres me plantearon tras la publicación del libro anterior. Dado que su propósito era eminentemente práctico, este nuevo volumen no significó, ni mucho menos, una aportación teórica notable.

Pero henos aquí frente a este nuevo libro, motivo para mí de un renovado entusiasmo a causa de mi certeza de que será de gran utilidad para muchos padres, sobre todo para aquellos que se aprestan a la crianza de su primer hijo. Mis viajes por Estados Unidos y mi permanente dedicación a las familias a través del curso denominado "Los nuevos padres como maestros" me han permitido advertir la creciente necesidad de un libro que ayude a los padres a evitar que, llegados a los tres años, sus hijos sean niños egoístas y desagradables. Hemos sido incansables en hacer notar a los padres que su verdadero reto no estriba tanto en la formación de las capacidades intelectuales de sus hijos como en el desarrollo de las habilidades sociales que hagan de ellos niños con quienes sea placentero convivir. He comprobado que pocas satisfacciones en la vida pueden ser tan grandes como la brindada por un niño o una niña de tres años a sus padres al demostrarles que pueden vivir aceptablemente en sociedad. Este libro le ayudará a usted a alcanzar tan magnífico resultado. Esto quiere decir que le permitirá aminorar las dificultades que suelen presentarse durante el inevitablemente negativo periodo del segundo año de vida, así como eliminar las intolerables conductas de los mimados niños de tres años que hacen de sus berrinches una costumbre. Sus hijos no pelearán con usted; en cambio, los verá disfrutar de la vida casi todo el tiempo y entablar sus primeras amistades sin dificultad. Finalmente, logrará encaminarlos hacia una vida adulta carente de riesgos y plena de amor. La obtención de algunos de estos beneficios bastaría para justificar un par de horas de lectura, de manera que adelante: comience usted de una vez.

INTRODUCCIÓN

Hace dos años, un niño me llamó particularmente la atención. Dado que su familia estaba participando en nuestro curso "Los nuevos padres como maestros", me fue posible seguir el desarrollo de Dennis desde poco después de su nacimiento hasta los dos años de edad cumplidos. Desde los cinco meses había dado muestras de ser un niño especial. Poseía una sonrisa prodigiosa, con la que nos fulminaba a diestra y siniestra con singular eficacia. Aunque no precisamente apuesto, su vitalidad y dinamismo hacían de él una criatura verdaderamente encantadora. ¡Era evidente que le daba mucho gusto saberse vivo!

A sus dos años, sin embargo, Dennis se había convertido en un incesante tormento para sus padres y su hermano menor. En una visita que hice a su casa por aquel tiempo, no dejó de importunar a su padre durante la hora en que estuve ahí. Nos habíamos instalado en el antecomedor, donde el niño de inmediato comenzó a demostrar que sabía muy bien cómo controlar la atención de su padre. Se dirigió al filtro del agua y abrió la llave para que ésta se derramara. Era obvio: muchas veces había procedido de esta forma y siempre se le había regañado por hacerlo, pues no pareció sorprenderle la indicación de su padre para cerrar la llave, reacción que específicamente esperaba de él. Claro, ya lo había entrenado a la perfección.

No pasó mucho tiempo después de que se le retiró del filtro cuando se acercó a su hermanito de seis meses, colocado sobre la mesa en una sillita de bebé, y comenzó a molestarlo, seguro de ser observado por su papá. Naturalmente, éste casi le gritó para que dejara en paz al pequeño. Si no lo hubiera hecho, Dennis sin duda se habría desconcertado, pero en el acto habría vuelto al ataque contra su hermanito.

Su siguiente objetivo fue la despensa, cuya puerta comenzó a embarrar de algo que había encontrado por ahí. Cada uno de los pasos de su rutina eran acompañados por las represiones y parciales restricciones de su avergonzado (y muy molesto) padre, que sin embargo lo hacían vacilar sólo un momento antes de emprenderla contra nuevas cosas. Su capacidad para lograr la atención de su padre era enorme. Sabía con toda precisión qué botones tocar. Tal comportamiento requiere en verdad de mucha inteligencia, lo cual sin embargo no sirve de consuelo a un padre que se relaciona con un hijo así todos los días.

Este procedimiento de rápidas y sucesivas contrariedades no es extraño en el tercer año de vida. Suele aparecer alrededor de los veinte meses y no cesa de desarrollarse en las semanas siguientes, de manera que muchos de los niños de veinticuatro meses de edad son ya expertos en su manejo.

Puedo describir con detalle lo que ocurrió entre los cinco meses y los dos años de edad de este niño para que pasara de ser un bebé extraordinario a un infante insoportable. No se olvide que estuve cerca en su desarrollo. Pude ver lo que pasaba, y sé también cómo sucedió y cómo pudo impedirse. Nada de ello era inevitable.

Cada vez que leo informes sobre niños "difíciles" vienen a mi mente casos como el de Dennis. No me cabe duda alguna acerca de la existencia de factores innatos en el desarrollo de la personalidad. Sin embargo, mis colaboradores y yo hemos tenido el privilegio de observar cómo se ha ido formando la personalidad de incontables niños durante sus primeros años de vida, y especialmente en el periodo de los ocho a los veinticuatro meses, durante el cual es fácil distinguir la operación de los principales efectos de la experiencia.

Los padres de niños o niñas de tres años que les causan abundantes penas pueden hallar tranquilidad en una explicación del desesperante comportamiento de sus hijos basada en las cualidades congénitas del carácter. Me gustaría coincidir con ellos, pero no puedo. Honestamente, creo que, salvo muy escasas excepciones, las tan desagradables conductas de los niños de tres años llamados "malcriados" fueron inadvertidamente enseñadas por los mismos padres que dicen amarlos.

Es justamente pensando en esos niños que se acuñó la expresión de los "terribles dos años". Los niños debidamente educados no hacen berrinches de los dos años en adelante más que en circunstancias excepcionales. A diferencia de los niños mal educados, que siempre encontrarán motivos para quejarse, son muy felices la mayor parte del tiempo.

Fuentes de información de este libro

Es muy importante que quienes leen un libro sobre bebés y la manera de educarlos sean ampliamente informados sobre las fuentes de las afirmaciones, descripciones y recomendaciones.

En particular, el campo de la educación de los padres lo tratan toda clase de autores, quienes suelen ocuparse específicamente del tema de la crianza del bebé. Entre ellos se encuentran lo mismo pediatras, psicólogos y trabajadores sociales que padres, madres y abuelos, cuyo común interés es ayudar a procurar a los hijos las mejores experiencias posibles. Por lo tanto, no es casual que la mayoría de estos autores dediquen sus principales esfuerzos a recomendar a sus lectores la práctica de los que ellos consideran los mejores métodos de educación de los hijos.

Frente a ello, cabe siempre la interesante pregunta: "¿Qué califica a un autor para dar consejos sobre prácticas de paternidad y maternidad?" ¿Todas aquellas personas que han formado a sus hijos, sea uno o varios, son especialistas en la materia? Quizá no.* Resulta difícil ser objetivo respecto de los hijos. ¿A cuántos, por lo demás, es posible educar? No a muchos, ciertamente.

¿Se puede, entonces, ser experto en cuestiones de paternidad/maternidad como resultado de la práctica pediátrica? A primera vista, esta vía parece la más indicada, y no en vano muchos de los libros más conocidos acerca de la educación de los hijos han sido escritos por pediatras. No obstante, la principal fuente de conocimientos de un pediatra acerca de la paternidad y la maternidad es el examen directo de los bebés, más que la escuela de medicina. En las clásicas conversaciones posteriores a la auscultación física de los niños, que no rebasan los quince minutos, reciben información profusa acerca del significado de la crianza, además de sus lecturas, a lo cual se añade, por supuesto, la escasa pero efectiva atención del tema en los programas de estudios médicos. Sin embargo, ni en la formación ni en la práctica de los pediatras está prevista la exposición directa al proceso real de la paternidad. Más aún, no acostumbran realizar visitas domiciliarias, y cuando las hacen no suele ser por motivos estrictamente relacionados con la educación de los hijos. Mi irreverente conclusión es entonces que la mayoría de los pediatras, si no todos, carecen de la necesaria autoridad para escribir libros sobre cómo educar a los niños. ¿Que escriben sobre la salud del bebé? Perfecto. ¿Sobre la vigilancia del crecimiento? Magnífico. Pero, ¿sobre el desarrollo del habla, la adquisición de destrezas sociales del bebé o los métodos de disciplina más apropiados para la acelerada evolución infantil de los primeros años? Malo, por desgracia.

Un hecho en el que participé hace apenas un año me ofreció nuevas evidencias acerca de las muy endebles bases sobre las que por lo general se prentende aconsejar a los padres. El Center for Parent Education, pequeño organismo no lucrativo bajo mi dirección, fue encargado por una dependencia educativa estatal para capacitar a unos setenta instructores familiares. El jefe de las diversas secciones implicadas temía que su personal no estuviera debidamente preparado sobre desarrollo infantil. En consecuencia, mis colaboradores y yo les impartiríamos un curso intensivo de una semana de duración.

A fin de saber por dónde empezar, elaboré una sencilla prueba de opción múltiple de diez preguntas con la intención de aplicarla al inicio de la semana y nuevamente al finalizar el curso.

He aquí cuatro de las preguntas incluidas en la prueba:
1. Los niños comienzan a desplazarse por sí solos a los
    a. Tres meses
    b. Cinco meses

c. Siete meses
d. Nueve meses
2. ¿A qué edad promedio comienzan a decir sus primeras palabras?
   a. A los cinco meses
   b. A los ocho meses
   c. A los catorce meses
   d. A los dieciocho meses
3. ¿A qué edad promedio empiezan los niños a comprender algunas de las cosas que se les dicen?
   a. A los cinco meses
   b. A los ocho meses
   c. A los catorce meses
   d. A los dieciocho meses
4. Una vez que comienzan a subir escaleras, ¿cuánto tardan en aprender a bajarlas sin peligro?
   a. Un día
   b. Dos semanas
   c. Un mes
   d. Dos meses

Como puede verse, las preguntas se refieren a la información básica más elemental. No son ni teóricas ni técnicas.

Dado que se ofrecían cuatro opciones para contestar cada pregunta, incluso un individuo ignorante del desarrollo infantil, con base únicamente en el azar, habría podido acertar en el 25 por ciento del cuestionario. Concediendo además que una pregunta pudiera tener dos respuestas correctas, se esperaría que personas con experiencia en la impartición de enseñanza a los padres contestaran correctamente cuando menos dos terceras partes de las preguntas.

Pues bien, el resultado promedio de este grupo fue de 35 por ciento, lo cual, aunque no dejó de sorprenderme, tampoco me alarmó. Mis colaboradores y yo hemos ofrecido desde 1976 numerosos seminarios de adiestramiento en muchas ciudades de Estados Unidos a más de 25 mil profesionales de la educación, la medicina, el trabajo social y campos afines. Puedo asegurar que la deficiencia de conocimientos básicos sobre nuestra materia es general. Peor aún, el problema no se limita a los profesionales; es indudable que alguien los preparó y alguien escribió los libros que debieron leer durante sus estudios.

A mi juicio, en la adquisición de información verdaderamente útil y exacta acerca de la paternidad/maternidad nada puede sustituir al estudio directo y sistemático del proceso. Lamentablemente, hasta fecha muy reciente casi nada se había hecho que pudiera asemejarse a este tipo de trabajo. Aun hoy, el proceso de la paternidad durante los dos o tres primeros años de vida sigue transcurriendo casi exclusivamente en el hogar. Y si bien es cierto que los padres tienden ocasionalmente a salir de casa en compañía de sus bebés y que un número cada vez mayor de niños ingresan en guarderías, con lo cual buena parte de su crecimiento ocurre fuera del hogar, también es verdad que si usted desea saber en qué consiste la paternidad debe de acudir a los hogares, único sitio en el que podrá observar las acciones cotidianas de los padres en forma sistemática y precisa.

Por lo demás, para quienquiera que se dedique a estudiar seriamente el desarrollo humano resultará obvio que no basta con asistir una, dos, tres y hasta cuatro veces al proceso de la paternidad en el hogar. ¿Por qué? Simplemente porque cuando los padres son observados, su conducta se ve afectada por la presencia del observador. En principio, la mayoría de los padres pretenden que su bebé muestre sus muchos talentos, mientras que otros se sienten incómodos o nerviosos. Hasta ahora no hemos podido evitar el "efecto observador". No obstante, si las observaciones se repiten con frecuencia a lo largo de varios meses, el comportamiento de los padres tiende aparentemente a volverse más natural y menos forzado.

Las entrevistas y las encuestas, técnicas en las que utilizan cuestionarios, son otros dos métodos comunes de estudio de las prácticas de crianza y educación de los hijos. Se trata sin duda de procedimientos rápidos y de bajo costo, sin embargo no me inspiran la menor confianza. A los padres les resulta muy difícil ser sinceros acerca de ciertos temas, como la rivalidad entre hermanos. En una ocasión le preguntamos a la madre de una niña de tres años cómo se llevaba ésta con su hermanito de dieciocho meses, a lo cual nos respondió:

"Alexandra adora a su hermano. ¡Son felices jugando juntos! Claro que a veces parecería no darse cuenta de que es un poco más fuerte que él." Para entonces ya teníamos algún tiempo de estar observando regularmente en casa a Alexandra y su pequeño hermano, de modo que habíamos podido comprobar que la niña estaba perfectamente consciente de que no era "un poco", sino mucho más fuerte que el bebé, fuerza que aplicaba muy a menudo para molestarlo y protegerse de su creciente agresividad. Supongo que el tema resultaba un tanto desconcertante para la madre, aún cuando la conducta de Alexandra para con su hermano es justamente la que hemos encontrado en circunstancias semejantes en cientos de hogares, con muy pocas excepciones.

Quien desea adquirir información realmente sólida sobre los efectos de diversos métodos de disciplina, se ve obligado a acudir a muchos hogares y a observar lo que sucede cuando se aplican diferentes sistemas a muchos niños en distintas modalidades familiares y a lo largo de muchos meses. Quien desea saber cuándo comienzan los niños a ver televisión, tiene que observar, en múltiples casas, a gran cantidad de niños de edades diferentes y a lo largo de muchos meses para descubrir a partir de qué momento empiezan a fijarse en el televisor. Solicitarles a los padres esta información sería naturalmente mucho más fácil, pero sería dudosa la veracidad de los datos.

Los antecedentes de este libro datan de hace más de cuarenta años. En 1952 decidí cambiar de carrera. Luego de haber pasado un tiempo en el ejército, desempeñándome como ingeniero mecánico, más de un motivo me indujo a dejar las máquinas para comenzar a interesarme en las personas. Más específicamente, decidí concentrar mi energía en conocer cuál era el origen de las personas firmes y responsables. Platón, el filósofo griego clásico, escribió que bondad y aptitud van de la mano. Que es más probable que una persona capaz sea también cortés a que lo sea alguien de habilidades limitadas. Esta noción siempre me pareció sumamente lógica, a pesar de las numerosas evidencias con las que la realidad se obstinaba en contradecirme.

Tras abandonar el ejército en 1953, inicié nuevos estudios, primero de filosofía y después de psicología. Como disciplina, esta última era ciertamente más adecuada que aquélla a mi interés por saber más acerca de cómo conseguía la gente correctamente desarrollada ser cortés. Sin embargo, me desagradaba la notoria inclinación del campo de la psicología a la patología en lo referente al estudio del desarrollo. En la década de los cincuenta, las principales teorías en el área de la personalidad y la motivación se derivaban de la obra de Sigmund Freud. La lectura de las ideas de otros distinguidos teóricos, como Harry Stack Sullivan y Erik Erikson, me emocionó y estimuló profundamente, a pesar de lo cual seguía habiendo algo en estos materiales que me dejaba insatisfecho.

Cuando finalmente comencé a estudiar lo que en esos días se conocía como "psicología del ego", me topé con ideas que parecían más acordes con mi interés. Más que la manera de tratar la neurosis, los psicólogos del ego analizaban las capacidades humanas y la salud psicológica. Me impresionaron mucho por entonces los trabajos de Robert White, de Harvard, y Abraham Maslow, de la Brandeis University. En particular, los textos de este último sobre el tema de la "autorrealización" individual llamaron tanto mi atención que en la primera oportunidad transferí mis estudios a su universidad para poder asistir a sus clases.

Mientras que grandes pensadores como Freud derivaron sus ideas acerca del desarrollo personal de su labor terapéutica con pacientes en problemas, Maslow siguió el curso contrario. Sostenía que para que la aproximación científica al desarrollo humano pudiera ser de utilidad, era preciso estudiar la vida de individuos ejemplares aparte de la de personas afectadas. En consecuencia, solía ocuparse de personajes como Albert Schweitzer, Eleanor Roosevelt, Mahatma Gandhi e incluso Jesucristo. Tras identificar la excepcionalidad de un sujeto, analizaba lo sobresaliente de sus conductas y cualidades características. Su objeto de estudio y el enfoque de sus investigaciones me fascinaron. Ocho años después concebí el plan inicial del Harvard Preschool Project, justamente para estudiar la vida de individuos notables. Los individuos notables a quienes dirigí mi atención tenían apenas seis años de edad.

Mis investigaciones sobre niños y bebés comenzaron, así, en 1957, mientras realizaba mi doctorado en psicología en la Brandeis University. Para 1960, cuando me titulé, me hallaba sumergido en un estudio sobre los bebés desde el nacimiento hasta los seis meses de edad que concluiría ocho años después. Mi tema era el papel de la experiencia en el desarrollo de las primerísimas habilidades humanas.

Quienes, como yo, nos hemos interesado desde hace muchos años en las cuestiones relativas al desarrollo humano, tenemos una enorme deuda de gratitud con los líderes del movimiento estadunidense de derechos civiles que encabezaron las actividades de fines de la década de los cincuenta y principios de los sesenta. En mi opinión, sus insistentes demandas en favor de una mayor participación gubernamental en la educación básica de los niños de familias de escasos recursos contribuyeron enormemente a sacar a la luz pública el tema del desarrollo y aprendizaje (y por tanto de la educación de los niños) en los primeros años de la vida. Los representantes de las familias de bajos ingresos señalaron entonces que una de las grandes cualidades de Estados Unidos era que se podía nacer en la pobreza y aun así abrirse camino a través de la educación. Sin embargo, argumentaban, muy pocos niños de familias de bajos ingresos lograban desarrollarse en la escuela. Los índices de deserción eran muy altos y las posibilidades de ingreso a la universidad eran muy inferiores en relación con los hijos de las clases privilegiadas. Haciendo notar que las deficiencias educativas de estos niños eran producto en gran medida de la carencia de servicios escolares para infantes menores de cinco o seis años, exigieron que el gobierno actuara para facilitar el acceso a las instituciones educativas. Resultado de ello fue la creación del Proyecto Headstart.

Poco después de la puesta en marcha de este proyecto se inició la transmisión de *Plaza Sésamo*. La idea era hacer de la televisión un poderoso aliado de los maestros del proyecto. Pero más allá de que haya cumplido o no con este objetivo, lo cierto es que despertó la conciencia de los padres y de muchas otras personas acerca de la importancia del aprendizaje en las primeras etapas de la vida, y no sólo en Estados Unidos, sino también en muchas otras partes del mundo.

Una de las consecuencias del nuevo y creciente interés en la enseñanza preescolar fue que, por primera vez en la historia, se dispuso de grandes cantidades de dinero para realizar investigaciones sobre el desarrollo de los niños desde el nacimiento hasta los seis años de edad. Gracias a estos recursos fue que, en 1965, pude iniciar el Harvard Preschool Project. Este plan fue excepcional, y lo sigue siendo. Diecisiete personas bajo mi dirección se abocaron a la tarea de comprender qué influencias ejercían las experiencias de los primeros seis años de vida sobre la destreza para la educación formal. Nuestro propósito era saber cómo podíamos ayudar a los niños a volverse "educables". Pocos años más tarde definimos nuestra meta como el desarrollo de niños de seis años "competentes".

Una de nuestras primeras labores consistió en determinar qué entendíamos por un niño de seis años competente o debidamente desarrollado. Lo común en la investigación del desarrollo infantil era partir de categorías establecidas por la bibliografía del tema. Les asignamos a varios de nuestros colegas la búsqueda de informes de investigación de todo tipo para dar con descripciones de las cualidades propias de los niños de seis años correctamente desarrollados. Nos asombró enterarnos que tales informes no existían. Con todo, hallamos algunas pistas de lo que buscábamos en la obra precursora de Lois Murphy, quien, en colaboración con otras personas, había escrito dos libros sobre los niños de entre tres y cinco años a quienes estudió en el Sarah Lawrence College. En uno de esos libros describía su método, mientras que en el otro exponía detalladamente la historia de un niño de desarrollo excepcional. Pero más allá de estos materiales, partíamos de cero. Nos percatamos entonces de que no quedaba otro remedio que el de crear nuestra definición del niño de seis años en desarrollo óptimo.

Nos servimos para ello del enfoque de Maslow. Llegamos a un acuerdo con familias y escuelas para observar a una gran cantidad de niños y niñas de tres a seis años, a fin de identificar a un infante de entre treinta a quien pudiéramos considerar indiscutiblemente como el niño de seis años "competente". Les expliqué a mis colaboradores que me interesaban los niños que destacaran por sus habilidades sociales, aunque también por su inteligencia y uso del lenguaje. (A nuestro pesar tuvimos que excluir de nuestro grupo de niños competentes a aquéllos muy brillantes pero de deficiente comportamiento social.)

Una vez que tuvimos acceso a los grupos infantiles más variados, iniciamos una observación sistemática de su conducta cotidiana. Mis asistentes y yo nos dedicamos durante nueve meses a analizar a niños de familias de muy diverso tipo en distintos lugares: guarderías, kindergardens, patios de juegos y hogares. Coincidimos en las características de comportamiento de los niños extraordinarios de seis años que los distinguían de los niños promedio y por debajo del promedio de la misma edad. Nos impresionó la persistencia de ciertas conductas sociales. Estos excelentes niños se diferenciaban claramente de los demás en su manera de interactuar tanto con otros niños como con los adultos. No eran completamente diferentes, por supuesto, pero el grado de desarrollo de sus habilidades sociales resultaba siempre notoriamente superior al de sus compañeros.

Las ocho habilidades sociales especiales de los niños y niñas óptimos de seis años de edad

Con los adultos

Una amplia variedad de métodos de atraer la atención, eficaces y socialmente aceptables.

La habilidad de expresar sentimientos, tanto positivos como negativos.

Orgullo por sus logros. Se saben talentosos.

La habilidad de servirse de un adulto como apoyo, habiéndose determinado previamente incapaces de alcanzar sus metas por sí solos.

La tendencia a realizar actividades imaginarias o que implican la actuación de ciertos papeles.

Con niños de su misma edad

La habilidad tanto de dirigir como de ser dirigidos por otros niños.

La habilidad de expresar sentimientos, tanto positivos como negativos.

La tendencia a la competitividad y la conciencia de qué es hacer un "buen trabajo".

Estas ocho características distintivas, presentes en la interacción social, han mostrado su solidez tras largos años de investigación y educación de los padres. Las familias con hijos e hijas de tres a seis años han confirmado consistentemente la precisión de este perfil.

Además de estas características sociales, en los niños y niñas de seis años de desarrollo excepcional identificamos también una serie de habilidades no sociales.

Las nueve habilidades distintivas no sociales de los niños y niñas de seis años de desarrollo excepcional

Alto desarrollo lingüístico.

La habilidad de advertir pequeños detalles o discrepancias.

La habilidad de prever consecuencias.

La habilidad de manejar abstracciones.

La habilidad de ponerse en el lugar de otra persona.

La habilidad de realizar interesantes asociaciones.

La habilidad de efectuar actividades complejas.

La habilidad de utilizar recursos con eficacia.

Duplicidad de atención: capacidad de mantenerse atentos a una tarea sin perder de vista lo que ocurre a su alrededor.

En mi libro *The First Three Years of Life* incluí una explicación de estas cualidades no sociales. Nos referiremos a ellas en secciones posteriores de este libro cuando resulte evidente su presencia en el proceso de socialización.

La amplitud del Preschool Project se adivinaba no sólo en lo numeroso de su personal, sino también en la extensión de sus alcances. Era prácticamente imposible que dejáramos de lado las habilidades sociales, a las cuales incluimos en nuestro campo de estudio desde el primer momento y de las cuales no prescindimos nunca, pero junto con ellas teníamos que ocuparnos de muchas otras. En nuestras observaciones utilizamos cronómetros para marcar el tiempo de las muy diversas experiencias de los niños. Deseábamos obtener una visión completa, momento a momento, de las conductas y circunstancias de los infantes, pero también de la evolución de sus intereses y de la modificación de sus habilidades conforme crecían.

El análisis de la aparición de este perfil de diecisiete elementos propio de los niños de seis años de niveles de excelencia representó un momento decisivo en nuestra investigación. Tras estudiar los registros sobre niños entre dos y medio y seis años, coincidimos en que el patrón de conducta característico de los niños extraordinarios de seis podía presentarse incluso en niños pequeños de tres años. Esto nos reveló que entre los tres y los seis años de edad ocurría quizá un afinamiento del patrón y no la aparición de nuevas características distintivas.

Un ejemplo notable de este proceso de afinamiento era el desarrollo de la habilidad de adoptar la perspectiva de otra persona. En su investigación pionera sobre las funciones mentales de los niños, Piaget determinó que la habilidad de percibir el mundo desde el punto de vista de otra persona marcaba el fin del pensamiento egocéntrico, primera forma de comportamiento racional. Descubrió que los niños adoptaban rutinariamente lo que él mismo denominó un "pensamiento socializado" para dirigirse a los demás en tal forma que se les comprendiera. Por el contrario, el pensamiento egocéntrico persigue fundamentalmente el propósito de satisfacer las necesidades de quien habla. Para que un niño pueda percibir las cosas desde el punto de vista de otra persona es preciso que anteriormente haya sustituido el pensamiento egocéntrico por el socializado. De acuerdo con sus investigaciones, Piaget fijó el surgimiento del pensamiento socializado en una edad promedio entre los siete y ocho años, aunque nosotros constatamos su presencia en los niños extraordinarios de seis. Para mayor sorpresa, hallamos también evidencias de pensamiento socializado en nuestro grupo de niños y niñas notables de tres años, en los que sin embargo no detectamos el total de diecisiete características distintivas.

Como resultado de nuestro intento por identificar la aparición de este estilo de comportamiento altamente deseable, llegamos a una importante conclusión: sería invaluable descubrir cómo era posible que, en las mejores circunstancias, niños de tres años adoptaran ese estilo como propio. Como consecuencia lógica de ello, nuestro siguiente objetivo de investigación tendría que ser el análisis de los tres primeros años de vida.

Investigaciones ajenas apoyaban la idea de que los tres primeros años de vida son de especial importancia. Un gran número de estudios de comprobación psicológica han revelado, sin lugar a dudas, que los resultados de las pruebas de inteligencia y lenguaje de ciertos grupos de niños de tres años anticipan los niveles de habilidad que alcanzarán en años posteriores. Esta afirmación se aplica en particular a dos grupos de niños: los muy avanzados para su edad y los muy atrasados. En otras palabras, es muy probable que un niño de tres años con el lenguaje y la inteligencia de uno de cuatro o mayor se halle muy por encima del promedio cuando cumpla seis, y esté por lo tanto más que preparado para iniciar la escuela elemental. Por otro lado, es igualmente probable que un niño con un retraso de nueve o más meses en estas dos habilidades básicas se encuentre con mayor atraso en los años siguientes y al llegar a los seis no esté preparado para comenzar su educación formal.

Adicionalmente, muchos otros estudios acerca del desarrollo infantil dejaban ver que durante los tres primeros años de vida tenían lugar acontecimientos de excepcional importancia, el primero de los cuales es la adquisición del lenguaje. Los especialistas en este proceso coincidían unánimemente en que la capacidad lingüística básica hacía su aparición en torno al fin del tercer año. El consenso era que, en promedio, a esta edad se comprendía ya una proporción de entre dos terceras y tres cuartas partes de las palabras usadas en la conversación común a lo largo de toda la vida.

Los estudiosos del desarrollo social y emocional estaban igualmente convencidos de la perdurable significación de las experiencias de los tres primeros años en el bienestar emocional de un individuo y en su capacidad para establecer relaciones estrechas con otras personas en el curso de su existencia. Finalmente, las obras de Piaget y otros pensadores indicaban con claridad que el surgimiento de la habilidad racional ocurría hacia el término del segundo año y que durante el tercero era posible advertir avances y retrasos de duraderos efectos.

Por todas estas razones, decidimos concentrarnos en el estudio del desarrollo de los niños durante los primeros tres años de vida.

A fines de la década de los sesenta era muy difícil realizar investigaciones sobre los primeros tres años de la vida de un niño. No era común entonces la atención grupal de infantes de esa edad. Las posibilidades de que disponíamos eran, así, las siguientes: entrevistas informativas con los padres; breves sesiones de laboratorio con un bebé, en compañía siempre de uno de los padres, o ejecución de nuestras labores en el hogar de los niños. Nunca he creído que las entrevistas informativas puedan ofrecer los detalles necesarios ni datos de precisión confiable. De igual forma, jamás he podido entender qué beneficios podrían extraerse para los estudios del desarrollo el traslado de un bebé a una universidad, situación que además sólo permite, en el mejor de los casos, un contacto con el niño de una hora de duración. El trabajo, como de costumbre precursor, de Piaget con sus tres hijos me convenció de que su método era el mejor. Sus labores supusieron muy numerosas observaciones y experimentos en el propio hogar y a lo largo de muchos meses. Esta manera de abordar complicados y lentos procesos, conocida genéricamente como "seguimiento del proceso", es ciertamente costosa, laboriosa y tardada, pero en aquel entonces ya estaba convencido —y sigo estándolo— de que es el único método adecuado para el estudio del desarrollo de un niño durante los tres primeros años de vida.

Así pues, observamos a docenas de familias en su hogar durante visitas mensuales desde que los bebés tenían un año hasta que cumplieron los tres. A fin de que nuestra descripción fuera lo más exacta posible, nos turnábamos como observadores en las distintas casas.

Invertimos mucho tiempo y energía con la intención de comprender las principales diferencias entre los estilos de paternidad asociados a niños de diferentes características.

Asimismo, magníficas investigaciones de otros estudiosos del desarrollo humano temprano nos indujeron a conocer procesos de desarrollo afines, como, especialmente, la evolución del apego entre un niño y su familia.

Esta fase de "observación naturalista" de nuestro trabajo nos enseñó mucho acerca de la vida cotidiana de hijos y padres y nos permitió producir abundantes ideas sobre las prácticas de paternidad eficaces.

El siguiente paso de nuestra investigación consistió en comprobar si algunas de nuestras ideas seguían siendo válidas en el contexto de nuevas familias. De esta labor experimental extrajimos ciertas conclusiones, todavía inacabadas pero de cualquier modo valiosas, sobre el desarrollo social.

Conclusiones preliminares sobre el desarrollo social

No nos llevó mucho tiempo darnos cuenta de que era maravilloso convivir con niños y niñas de dos años de edad de facultades óptimamente desarrolladas. Su compañía es muy grata y conversar con ellos es una delicia, pues desbordan humor, originalidad e imaginación. Igualmente obvia fue la turbadora conclusión de que los niños y niñas desagradables de dos años de edad eran los más comunes y, para decirlo suavemente, muy poco divertidos. Hallamos en todas partes niños de dos años que casi no hacían otra cosa que quejarse o que, sumamente agresivos, tendían por costumbre a molestar a los demás niños. Los que sostenían crónicas batallas con sus madres desde que salía el sol hasta que se ocultaba en el horizonte eran, aquí y allá, la norma, junto con quienes gimoteaban, lloraban y hacían fenomenales berrinches. Supimos incluso del caso de una señora que se vio obligada a tomar dos semanas de "vacaciones" para alejarse de su pequeño de dos años de edad. Si muchas otras madres y padres hubieran estado en condiciones de hacerlo, se le habrían unido con toda seguridad.

En la observación de niños y niñas de dos a tres años de edad aprendimos que el niño desagradable a los dos lo seguirá siendo, y hasta en peores extremos, en los meses por venir. Dé usted por descontado que se convertirá en un profesional del berrinche, sobre todo en lugares públicos. ¡Cómo nos compadecíamos de sus padres! Esta situación ya difícil alcanzaba límites de mucho mayor gravedad cuando estaba de por medio un hermanito o hermanita de un año. Una familia tras otra nos decían que su principal problema era la rivalidad entre los hermanos. (La rivalidad fraterna era considerablemente menos problemática cuando el niño mayor daba muestras de excelente desarrollo.)

Los berrinches y otras inciviles, repugnantes conductas están prácticamente ausentes en el tercer año de vida de los niños de buen desarrollo, quienes constituyen un verdadero placer para sus padres. Sin embargo, por más encantadores que puedan ser, se muestran inmediatamente celosos de sus hermanitos que comienzan a gatear cuando la diferencia de edades es inferior a los tres años.

Estas observaciones significan que a) los "terribles dos años" son una realidad, pero que b) no son inevitables. Así pues, nuestra conclusión de entonces, y ahora, fue muy sencilla: los "terribles dos años" son resultado de la excesiva complacencia que suele prevalecer en los primeros dos años de vida.

En aquellos primeros tiempos de nuestra investigación llegamos también a otras conclusiones preliminares básicas. Aprendimos, por ejemplo, que la mayoría de los niños y niñas de un año eran muy simpáticos y agradables, aunque, claro, algunos exigían mayor atención que otros. Aun en casos de completa salud, también algunos de estos bebés lloraban mucho más que otros; parecían tener demasiados motivos de queja y muchos deseos de que los cargaran y mantuvieran en brazos. Nuestra conclusión al respecto fue que algo relacionado con la complacencia y los mimos comenzaba a mostrarse entre el primer y segundo cumpleaños. No obstante, en ese entonces eso era todo lo que sabíamos. Simplemente no teníamos idea de qué ocurría durante los primeros veinticuatro meses de vida como para desembocar en el desarrollo de niños imposibles de tres años.

También advertimos, no sin azoro, que hacia los trece o catorce meses de edad tendía a imponerse una conducta de manipulación muy hábil. En particular, observamos que para entonces era común que las quejas infantiles hubiesen alcanzado las alturas del arte. Si uno de los padres se negaba a hacer algo que el bebé quería, éste por lo general dudaba, miraba a aquél y exhalaba por fin un tenue gemido, luego de lo cual hacía una pausa para comprobar si su padre o madre se decidía finalmente a hacer aquello. En caso de que no fuera así, el bebé emitía un reclamo ligeramente más sonoro e insistente, volvía a hacer una pausa y aguardaba para atestiguar los efectos de su acción. La rutina podía continuar hasta la cuarta o quinta repetición y llegar a un punto en que el bebé dejaba simplemente de quejarse para comenzar a llorar a voz en cuello, momento en que los padres decidían rendirse y complacerlo. La capacidad, eficacia y potencia manipuladora de niños de edad tan tierna y de diminuta talla no dejaron de maravillarnos. Este extendido comportamiento me hizo percatarme de que la legendaria "inocencia de los bebés" es francamente un mito a los catorce meses de edad.

En algún momento entre los catorce y los dieciocho meses, casi todos los bebés que observamos iniciaban una fase de negativismo, una etapa en la que parecían estar poniendo a prueba su recién descubierto poder interpersonal. Nos dimos cuenta de que una vez comenzada esa etapa era un problema pretender examinar a un bebé. Las pruebas habituales para estos pequeños solían consistir en las peticiones más inofensivas, como "¿Dónde está el perrito?" o "¿Puedes poner la pelotita abajo de la taza?" La mayoría de los niños de dieciséis a dieciocho meses eran perfectamente capaces de hacer estas cosas, pero sencillamente se negaban a cooperar con nosotros. Cabe hacer notar que en caso de que la madre pretenda ayudar, la resistencia es mayor. Por lo general es más fácil aplicarles pruebas a niños menores de catorce y mayores de veinticuatro meses que a quienes se encuentran entre estas dos edades.

Los avances sociales generales del periodo entre los catorce y los veinticuatro meses parecían responder sistemáticamente a una naturaleza tal que justificaba que ésta fuera una época especialmente difícil para los padres. Semana a semana los bebés se hacían más intratables. Esta creciente obstinación era tan regular que terminamos por pensar que ocultaba una transformación de grandes repercusiones para las personas al cuidado de los niños. Desde entonces he creído que difícilmente un adulto puede desempeñarse bien si pasa todo el tiempo en casa al lado de así sea un solo niño de esta edad, motivo por el cual soy de quienes abogan por el alejamiento temporal respecto de los hijos en el periodo de los catorce a los veinticuatro meses. Si un padre o madre tiene que vérselas con dos (o más) hijos estrechamente espaciados menores de tres años, la necesidad de que disponga de lapsos de distanciamiento de ellos es esencial.

En las conferencias que dicté a principios de la década de los setenta, me referí a menudo a las grandes tensiones de los padres al cuidado permanente de dos hijos de edades muy cercanas inferiores a los tres años una vez que el menor llegaba al año y medio. Estaba convencido entonces, y aún lo estoy, de que para salir avante en la vida cotidiana al lado de dos hijos pequeños los padres requieren de considerable ayuda. Como observadores, nos asombró la intensidad y persistencia de la tensión de estas situaciones, y nos preguntamos cómo era posible que se supiera muy poco de tan penosas y sin embargo comunes condiciones, que indudablemente han padecido las mujeres desde hace mucho tiempo. Es de suponer que si investigaciones de este tipo se hubiesen llevado a cabo con anterioridad, cualquier observador se habría impresionado tanto como nosotros. Aunque de entonces a la fecha han transcurrido veinte años, siguen vivamente presentes en mi memoria los problemas que atestigüé de los padres prendidos a su hogar.

Pudimos comprobar entonces la consistencia de otro hecho relativo al desarrollo social de esta época de la vida. Aun cuando los niños terminaran por ser a los tres años verdaderamente encantadores, sus padres batallaban un mínimo de seis meses antes de que los nubarrones se disiparan y volviera a brillar la luz del sol.

No deja de ser curioso que los padres elijan precisamente esta peculiar temporada en la vida de sus hijos para pretender imponerles su voluntad en ciertas situaciones clásicas, una de las cuales implica el uso del chupón. Se recurre comúnmente a los chupones durante los primeros meses de vida, práctica con la que estoy de acuerdo, pues con frecuencia les ahorra tanto a padres como a bebés incontables tensiones e irritaciones. Suele suceder que los amigos o los abuelos presionen a los padres para que dejen de proporcionar el chupón a sus hijos, cuando éstos pasan por entre los catorce y veinticuatro meses de edad.

Caso semejante es la preparación para ir al baño. De acuerdo con nuestra experiencia, este entrenamiento se realiza habitual y más fácilmente con primogénitos de entre dos y dos y medio años. Muchas personas, especialmente los abuelos, opinan que los bebés deberían ser educados al respecto mucho antes de cumplidos los dos años, juicio que hacen del conocimiento de los nuevos padres con palabras terminantes.

No obstante, pretender que niños de catorce a veinticuatro meses abandonen el chupón o aprendan a usar la sillita para cumplir con sus necesidades fisiológicas es una idea de muy dudoso valor. No hacen falta entonces motivos de disputa con los pequeños, de manera que lo más razonable es aplazar estas enseñanzas.

A principios de la década de los setenta, y en coincidencia con la elaboración de esta descripción general del desarrollo social, viví una experiencia inolvidable, que vino a demostrarme lo que podía ocurrir cuando el estilo de la paternidad se caracterizaba por una complacencia excesiva. A mediados de un gélido invierno en Boston, mi esposa y yo nos encontrábamos en la sala de espera de una clínica. La habitación era relativamente espaciosa y estaba equipada con numerosas bancas, de modo que fácilmente podía alojar a unas cincuenta personas. La puerta se abrió de pronto e hicieron su aparición una madre muy bien arreglada y su hijo, ella quizá de apenas treinta años de edad y el niño por cumplir tres. Ambos iban perfectamente abrigados. La señora arrastró el cochecito donde iba el pequeño hasta una banca vacía, se quitó algunas de sus prendas, y después se volvió hacia su hijo para decirle:

—A ver, mi amor, te voy a quitar algo de lo que traes puesto para que estés más cómodo.

Haciendo acopio de apenas la mínima energía, el niño miró brevemente a su madre y, con gran elegancia, le dijo:

—No.

La madre vaciló un instante, pero añadió:

—Hace mucho calor aquí, cariño. Si no te quito tus guantes, tu gorrito y tu chamarra, te vas a sentir muy molesto, y tal vez hasta te enfermes.

El niño volvió a concederle atención durante no más de medio segundo y repitió:

—No.

La madre se turbó de nuevo momentáneamente pero, con suma paciencia, alcanzó a replicar:

—Mira a todas las demás personas que están aquí; ninguna lleva puesta una chamarra o un abrigo. Así deberíamos hacerlo nosotros, porque aunque afuera hace mucho frío, aquí dentro hace calor.

Por tercera vez el niño respondió con firmeza:

—No.

El episodio se prolongó durante al menos diez minutos, frente a la atónita mirada de mi esposa y mi previsible estupefacción. La madre no cesaba de dar explicaciones, salpicadas cada vez por mayor número de lamentos, mientras que el niño no dejaba de ofrecer evidencias de que la decisión estaba bajo su control, y no bajo el de ella, y de que por ningún motivo accedería a sus deseos. Llegado finalmente el decimoquinto minuto de esta historia, la madre consiguió que el niño le permitiera desabotonarle la chamarra. Fue lo más que pudo hacer.

No hace falta preguntar quién ostentaba la autoridad aquí. Es evidente que aquel niño de alrededor de dos años y medio dominaba por completo a su madre. Hay padres que parecerían concederle tanta importancia al estímulo de la independencia de criterio de sus hijos que no se atreven ni por asomo a imponer su voluntad sobre ellos, aunque otros parecen evitarlo por temor a que sus pequeños de dos años y medio los pongan en ridículo enfrente de todo mundo con el probado recurso de hacer un berrinche. Sigo recordando este incidente con mucha claridad, a pesar de que he presenciado muchos otros casos semejantes de relaciones entre padres e hijos. He conocido a muchos niños desarrollados en forma similar, y puedo asegurar que protagonizaron escenas tan penosas como las acostumbradas por la mayoría de los niños de dos años y medio.

¿Cuáles fueron, pues, las principales conclusiones del Harvard Preschool Project después de un periodo de trabajo que se prolongó desde fines de la década de los sesenta hasta mediados de la de los setenta?

1. Los resultados de una educación deficiente a causa de las excesivas contemplaciones de los padres suelen salir a la luz alrededor de los dos años de edad.

2. Los "terribles dos años" no son inevitables. Los padres de estilo amable aunque firme suelen disfrutar de las mejores consecuencias. En cambio, los padres de estilo amable y excesivamente complaciente se ven condenados por lo general a sufrir en este periodo los efectos de su insensatez.

3. La negatividad, la autoafirmación y la puesta a prueba son inevitables a partir de algún momento entre los catorce y los dieciocho meses y hasta no antes de transcurridos seis meses desde su adopción.

4. Las mejores prácticas de paternidad/maternidad se distinguen por una actitud permanentemente amorosa de los padres, pero complementada con una mano firme. Este principio podría resumirse en una expresión muy común: "Todo marcha bien cuando los niños saben que son sus padres, y no ellos mismos, los que están al mando del hogar."

5. Los problemas de rivalidad entre hermanos son absolutamente previsibles cuando la diferencia de edad entre un hijo y otro es menor de tres años. La situación suele ser mucho peor cuando el hermano mayor ha sido muy consentido.

Todas estas conclusiones se refieren en detalle en *The First Three Years of Life*, cuya primera edición data de 1975. Tras la publicación de este libro seguí ofreciendo conferencias y realizando investigaciones, así como impartiendo cursos de capacitación y asesorías en distintas partes de Estados Unidos. Tanto en sesiones públicas como a través de cartas, muchas personas me plantearon la siguiente pregunta: "¿Qué quiere usted decir cuando afirma que los padres deben 'ser firmes'? Parece un buen consejo, pero en realidad no nos sirve si no nos explica cómo seguirlo." Mucha gente pensó que mi postura en favor de la firmeza significaba un reconocimiento a la libertad sin reservas de los padres de golpear a sus hijos. En lo personal, la sola idea de que alguien golpée a un niño de dos años y medio me parece sencillamente repugnante, pero a lo largo de mi carrera profesional me he abstenido en lo posible de hacer recomendaciones sobre la paternidad/maternidad con base en mis propios sentimientos o experiencias familiares. Para que una recomendación o exigencia de mi parte pudiera justificarse, tendría que estar apoyada en conocimientos razonablemente sólidos producto de la investigación. De nuestras amplias observaciones de niños en proceso de desarrollo se desprendió que las llamadas "nalgadas" durante sus primeros años eran un recurso común de la mayoría de los padres (todos ellos invariablemente personas decentes y responsables), sobre todo entre los dos y los tres años de edad. Quizá lo mejor habría sido que los niños de deficiente desarrollo recibieran un par de golpes más y que aquellos de desarrollo óptimo hubiesen sido menos golpeados o no golpeados en absoluto, pero ciertamente éste no era el caso. En consecuencia, el problema que se me planteaba carecía de solución en la práctica.

Lo que dije ante diversos auditorios y a las personas que me escribieron fue lo siguiente: "Sería deshonesto de mi parte condenar las nalgadas durante los primeros tres años de vida. Por supuesto que son completamente innecesarias hasta los seis o siete meses de edad. Si, por otra parte, los padres ocasionalmente les dan a sus hijos suaves pero firmes palmadas en el trasero entre los siete meses y los dos años de edad, simplemente no puedo afirmar que procedan mal, en vista de lo atestiguado en las familias con mejores resultados en la educación de los hijos. Además, creo que con una leve palmada ocasional en el trasero es más probable conseguir los efectos deseados que con las complicadas explicaciones que en ocasiones escuchamos de algunos padres notoriamente convencidos de que todo desacuerdo en las relaciones interpersonales debe resolverse por medios racionales y civilizados, independientemente de la edad del niño."

Esta postura era la única que podía adoptar como profesional, aunque debo confesar que no me agradaba del todo. Desde entonces he podido comprobar que existen otros métodos para controlar a un niño o niña durante los primeros años de vida que de ninguna manera implican golpes. Por lo demás, estos métodos opcionales son más eficaces que las nalgadas. Abundaré en el particular más adelante.

En 1977, la Westinghouse Corporation realizó una versión televisiva de mi libro *The First Three Years of Life*, bajo el nombre de *The First Three Years*. Estos programas se convirtieron en el material audiovisual de mayor uso en Estados Unidos para la educación de padres y la capacitación de personal. La realización de esta serie significó la materialización de al menos una contribución útil de nuestro trabajo sobre la manera de evitar niños mal educados. Cada programa empezaba con una sección de alrededor de diez minutos en la que se veía a un bebé en el desempeño de sus conductas naturales en el hogar, seguida por una conversación entre niños de esa edad y cuatro o cinco parejas. Recuerdo que en una de ellas la madre de una niña de un año decía algo como lo siguiente: "Estoy loca por mi hija. Admiro su energía y su curiosidad me fascina, *pero* no veo por qué tenga que jugar con mis artículos de maquillaje." Este singular comentario resumía la esencia de un importante aspecto de la socialización eficaz, que nosotros denominamos "egoísmo sano". Desde entonces hemos seguido utilizando ese concepto, aparentemente vigente hasta el día de hoy.

Debido sin duda a que dejé la universidad en 1978 y sólo tres años después, en 1981, inicié en Missouri el curso "Los nuevos padres como maestros", entre aquel año y 1982 no avancé significativamente en mi conocimiento de los detalles del desarrollo social o el proceso de deterioro de la conducta de los niños. Sin embargo, luego de un periodo de planeación de tres meses en el otoño de 1981, mis colaboradores y yo comenzamos a impartir educación y asesoría para padres a más de 300 familias de cuatro ciudades del estado de Missouri bajo los auspicios del Departamento de Educación estatal. Estructuré entonces el curso "Los nuevos padres como maestros", a partir tanto de los resultados del trabajo experimental en el Harvard Preschool Project como del primer intento de aplicar nuestras ideas en las escuelas públicas de Brookline, Massachusetts, a principios de la década de los setenta (en el plan denominado Brookline Early Education Project). Tras la capacitación preliminar del personal básico en el otoño de 1981, iniciamos el curso en enero de 1982. A lo largo de los cuatro años siguientes, viajé a Missouri cada seis semanas para realizar visitas de tres días de duración. Me presentaba en las cuatro localidades y efectuaba visitas domiciliarias en compañía de alguno de los miembros de nuestro personal especializado. Me reunía después con todos ellos para enterarme de los pormenores en la instrumentación del curso, no sólo nuevo sino único en su género. En las visitas a los hogares, mis asistentes se percataron de que en las cuatro ciudades que atendíamos se estaban presentando problemas que ellos llamaron "apego excesivo" en niños y niñas de doce a veinticuatro meses de edad. Lo que ocurría era que estos niños exigían de sus padres una desmedida atención. Mis espaciadas visitas domiciliarias cuando me trasladaba a Missouri no me permitían ahondar en este problema específico. En retrospectiva, y gracias a lo aprendido desde entonces, dudo que mis recomendaciones para enfrentarlo hayan sido útiles. En aquella época me pareció inquietante que tal problema fuera común. Su presencia en el Harvard Preschool Project no había sido tan marcada, aunque ciertamente sus síntomas eran reconocibles. No obstante, desde entonces hasta la fecha esta queja de los padres en particular ha cobrado gran significado.

En el otoño de 1985 me alejé del proyecto de Missouri, y hasta 1989 comencé a profundizar en mi comprensión del desarrollo social durante los primeros años de vida. Mis colaboradores y yo creamos en la primavera de 1989 una nueva versión del curso "Los nuevos padres como maestros" para el Center for Parent Education de Waban, Massachusetts. Yo había fundado este centro, un organismo no lucrativo, a partir de mi salida de Harvard, en 1978. Poco después de iniciadas nuestras labores directamente con las familias, constatamos que nos era imposible evitar ciertas realidades. Tuvimos que ocuparnos de las circunstancias que rodeaban el desarrollo social de los niños en un grado mucho mayor a como lo habíamos hecho hasta entonces. Los padres no resentían la menor dificultad en guiar a sus hijos hacia niveles sobresalientes de inteligencia y lenguaje; a los niños, por su parte, tampoco les resultaba difícil aprender a incorporarse, caminar o subir escaleras. Las dificultades que unos y otros enfrentaban tenían que ver más bien con comportamientos sociales. Los padres nos insistían en que les ayudáramos a evitar que incurrieran en excesivas complacencias con sus hijos. Temían la sola perspectiva de niños muy consentidos.

Trabajando muy de cerca con las familias, en los últimos cuatro años mis asistentes y yo hemos podido identificar muchos de los detalles del proceso mediante el cual un bebé se convierte en la criatura social extraordinariamente compleja que representa todo niño de tres años de edad. En este periodo no dejamos de visitar cada mes a ochenta familias, con estancias de una hora de duración, desde un poco antes del nacimiento de un bebé y hasta que éstos cumplieron veintisiete meses. Asimismo, cada cinco o seis semanas nos reuníamos con estas familias en sesiones de noventa minutos. Me es imposible expresar con palabras la enorme satisfacción obtenida por asistir al desarrollo de cada uno de estos niños y niñas hasta verlos convertidos en complejos y fascinantes individuos, así como haber aprendido tanto acerca de este proceso. Las recompensas a nuestra labor han rebasado todas mis expectativas.

Así pues, este libro se debe sobre todo al trabajo intensivo que hemos realizado en nuestro curso. Contamos ahora con una explicación clara y detallada de cómo y por qué se desarrolla el patrón de mala educación de los hijos, pero también, por fortuna, con conocimientos más sólidos (aunque de ninguna manera infalibles) acerca de cómo evitar tal patrón y guiar a los niños hacia los tres años con una esperanza fundada en la obtención de magníficos resultados.

Pocos asuntos son tan importantes y valiosos para los padres como el bienestar y futuro de cada hijo. En nuestra sociedad no se acostumbra formar a la gente para que sea capaz de educar a sus hijos, de manera que en todas partes se percibe una profunda ansia de información. Por ello cada año se ofrecen nuevos y más consejos al respecto, bajo la forma de libros, artículos y folletos, muchos de los cuales, por desgracia, carecen de utilidad o son lisa y llanamente engañosos.

Por increíble que parezca, todo indica que el trabajo realizado por mis colaboradores y por mí desde 1965 sobre el desarrollo, mes a mes, de los niños pequeños y sobre el proceso de la paternidad/maternidad es único en su género, pues hasta ahora no existe ningún otro estudio con estas características. Es indudable que hemos cometido errores y omisiones, pero también que nuestras investigaciones están más firmemente basadas en la realidad y son más completas y detalladas que cualquier otro trabajo de esta clase existente.

Durante treinta y seis años, mi carrera en el campo de la investigación científica se ha limitado al estudio del desarrollo de los bebés y los niños en etapas tempranas de la infancia. Esto no es garantía de que mis interpretaciones siempre sean correctas, pero sin duda he observado a más bebés que la mayoría de la gente. He sido afortunado al disponer de las condiciones necesarias para efectuar investigaciones permanentes (a menudo al lado de colaboradores muy talentosos) en hogares de muy diverso tipo, las cuales han llegado a implicar observaciones quincenales de un gran número de niños y hasta por dos años y medio. De esta manera, mis colegas y yo hemos estudiado muy de cerca el desarrollo de cientos de infantes. Debo señalar, con todo, que no soy el único en creer que sólo una investigación basada en criterios de medición confiables puede generar conocimientos pertinentes acerca del desarrollo humano, pero, lamentablemente, este tipo de información sobre el desarrollo social de los niños es muy limitada. En el desempeño de nuestras funciones, hemos realizado diversas mediciones. Con base en precisas mediciones cuantitativas, por ejemplo, podemos advertirle que por regla general los bebés se apoyarán en usted para realizar sus actividades en algún momento entre los nueve y medio y los once meses de edad. De igual forma, contamos con evidencias que demuestran que, hallándose en casa, los bebés de entre doce y quince meses se acercan a alguno de sus padres alrededor de diez veces cada hora. No obstante, ni nosotros ni nadie más ha establecido mediciones confiables de la satisfacción personal, la seguridad en uno mismo y muchos otros componentes de las características sociales de los niños. Si se me apura un poco, me atrevería a afirmar que el contenido de los siguientes capítulos es la mejor información sobre la materia que usted podrá encontrar, y que es tan práctica como efectiva.

Ayudar a los padres a guiar el desarrollo de sus hijos en aspectos como el lenguaje, la inteligencia y las habilidades sensoriales es, por supuesto, una tarea de gran importancia. Todos quisiéramos que nuestros hijos utilizaran al máximo todas sus capacidades. Sin embargo, todos los padres y madres que he conocido desean también que sus hijos sean felices y se desenvuelvan satisfactoriamente en sociedad. Todo lo que he aprendido hasta ahora me convence de que las experiencias de un niño durante los tres primeros años de vida ejercen sobre él y sobre el curso de su desarrollo social la más poderosa de las influencias. En otras palabras, los padres o cualesquiera otras personas responsables de las experiencias tempranas de los niños determinan, por así decirlo, en gran medida la personalidad de éstos. Si lo que estoy exponiendo es cierto, la responsabilidad de los adultos es entonces muy grande, aunque representa también una maravillosa oportunidad.

Quizá la mejor manera de expresar la dicha que está al alcance de su mano sea utilizada por una madre en uno de los cursos que impartimos hace un año. A nuestra acostumbrada pregunta de cómo le iba con su pequeña hija de veintidós meses, respondió: "Cada mañana ansío que amanezca para pasar el día a su lado." Espero sinceramente que todas las personas que lean este libro puedan decir lo mismo cuando sus hijas e hijos lleguen a la edad de veintidós meses. Puedo asegurarle que un niño que a los veintidós o veinticuatro meses ha dejado de poner a prueba a sus padres, se muestra feliz y ha alcanzado un desarrollo aceptable, llegará muy probablemente en estas mismas condiciones a su sexto cumpleaños y quizá también a todos los posteriores. Si este libro le ayuda a obtener tales resultados, me sentiré satisfecho, como sin duda se sentirá usted también.

* El caso de Jean Piaget, el estudioso suizo de la génesis del conocimiento, es una notoria excepción. Coincido con muchas personas en que sus investigaciones sobre el desarrollo de la inteligencia son hasta ahora las mejores sobre este tema. Su objeto de estudio fueron únicamente tres niños: ¡sus hijos! Fue, sin lugar a dudas, un verdadero genio y, además, el único en su campo, si se me permite decirlo.

CAPÍTULO 1

DEL NACIMIENTO A LOS CINCO Y MEDIO MESES

Desarrollo social normal

La historia del desarrollo social de cada nuevo ser siempre es fascinante. Nadie puede saber cómo será el recién nacido cuando tenga tres años de edad. Pero lo más impresionante del nuevo bebé es que para todo necesita ayuda. Por el contrario, lo común es que los niños de tres años sean ya personas muy complejas y con un alto grado de realización. A pesar de haber observado cientos de veces el desarrollo de este proceso, todavía me emociona mucho ver crecer a un niño o una niña. Puedo asegurarle que pocas experiencias en la vida son tan cautivadoras como la que usted está a punto de emprender.

El tema central de este libro es cómo educar correctamente a un niño. Este asunto sólo tiene sentido si se le ve en el amplio marco del desarrollo social. Del nacimiento a los tres años están presentes tres importantes cauces de desarrollo social: el desarrollo del interés en los demás, el desarrollo de habilidades sociales especiales y el forjamiento de un estilo social (o personalidad). En este y los siguientes capítulos describiré el desarrollo normal, lo que puede fallar y, finalmente, lo que usted puede hacer en cada etapa para ayudar a su hija o hijo a llegar a los tres años de edad como una persona capaz, tratable y feliz.

El desarrollo del interés en los demás

Hasta donde mis conocimientos me lo permiten, puedo afirmar que para el recién nacido los demás simple y sencillamente no existen. Lo único que un bebé desea es sentirse cómodo. Quizá su bebé la o lo mire brevemente poco después de nacer, e incluso puede ser que en el curso de las siguientes cinco o seis semanas fije en usted su vista ocasionalmente. Tal vez llegue a percibir en él algo semejante a una tímida sonrisa (¡no es casual que esto les ocurra con mayor frecuencia a los nuevos padres!). Sin embargo, cuando a partir de las seis u ocho semanas su bebé se muestre inconfundiblemente interesado en mirarla o mirarlo al rostro, se dará usted cuenta de lo impersonal de aquellas otras primeras miradas.

Es natural pensar que la atención de su bebé al rostro de usted significa en cierto modo que la o lo reconoce. Con todo, las evidencias sugieren que el interés de un bebé de dos meses por cualquier rostro humano se halla más en función de las cualidades físicas de la cara que de la aparición en el niño de incipientes sentimientos amorosos. Si las características faciales de una madre ofrecen pocos contrastes, las escasas reacciones de su hijo ante ella no dejarán de desconcertarla un tiempo. Si es de cabello de un color tenue, piel blanca y ojos claros y su esposo es de cabello, piel y ojos de tonalidad oscura, es probable que éste atraiga casi por completo las sonrisas del bebé. No hay de qué preocuparse; las cosas cambiarán un mes después.

En cuanto su bebé llegue a alrededor de los dos meses y medio y sus habilidades visuales maduren, podrá comenzar a percibir pequeños detalles de su entorno. Sonreirá más y todos hallarán más placer a su lado. A esto contribuye también el hecho de que para esta época los bebés ya suelen dormir durante largos periodos por la noche, de modo que toda la familia se siente más descansada.

Entre los dos y medio y tres meses de edad, los bebés se muestran muy sensibles a lo que ocurre en torno suyo y parecería que todas las personas les agradan, pero entre los tres y medio y los cuatro meses tiene lugar un cambio muy significativo: sus sonrisas son más inmediatas y prolongadas cuando van dirigidas a las personas que los cuidan. Seguirán sonriéndoles a todos cuantos se les acerquen, pero a partir de este momento resultará evidente su preferencia y reconocimiento de la persona más allegada a ellos, habitualmente su madre.

A menos que estén muy adormilados o se sientan especialmente incómodos, en el periodo de los tres y medio a los cinco y medio meses a los bebés parece encantarles el rostro de todo mundo. Mas no sólo eso; con apenas unas cuantas excepciones, la experiencia de mirarlo a usted parece fascinarles. Nadie resiste la tentación de devolverle una sonrisa a un dichoso, desdentado y babeante bebé de cinco meses y medio. Los bebés de esta edad son sencillamente irresistibles.

La aparición de la conciencia social: las cosquillas

Los primeros indicios de que el bebé ha cobrado conciencia de las relaciones interpersonales suelen saltar a la vista durante el quinto mes de vida. Su bebé comenzará a mostrarse susceptible a las cosquillas por primera vez.

Todas las evidencias coinciden en el sentido de que el recién nacido puede percibir hasta el contacto físico más leve. Su piel o receptores táctiles se hallan desde el nacimiento mucho más desarrollados que sus órganos sensorios visuales y auditivos. No obstante, durante los primeros meses de vida la conciencia social se halla por completo ausente. Para que las cosquillas surtan efecto, la persona no sólo debe sentir la punzada, sino también estar consciente de que "le están haciendo cosquillas" y que cerca se encuentra quien se las hace con intención de divertirla. Baste hacer notar que los seres humanos somos incapaces de derivar diversión al hacernos cosquillas a nosotros mismos, aun cuando podamos hacérnoslas y efectivamente sentirlas.

El bebé de un mes es aún demasiado inmaduro como para apreciar el indispensable aspecto social de la situación de las cosquillas. Pero tres o cuatro meses después ha alcanzado ya el necesario nivel de conciencia social.

El desarrollo de habilidades sociales especiales

Los bebés lloran desde que nacen. Nadie les enseña a hacerlo. Contrario a lo que posiblemente piense usted, los bebés de menos de cinco meses y medio de edad no lloran para llamar a un adulto; su llanto es simplemente una reacción refleja a la incomodidad. Me baso para esta afirmación en los estudios de Piaget sobre el desarrollo de la mente en los bebés. Piaget explica que el comportamiento que advertimos en un bebé durante los primeros meses de vida está exclusivamente motivado por reflejos, no por deliberadas intenciones. Si a un bebé de tres meses le ofrece usted una sonaja, lo más probable es que muy pronto la agite, lo cual le hará pensar que la sonaja le "gustó" o, al menos, le "gustó agitarla". Sin embargo, en su investigación Piaget demostró que ni en esta ni en ninguna otra circunstancia los bebés tienen opción de comportarse de otra manera y que, lo mismo que otros abruptos actos mecánicos de los primeros meses de vida, el hecho de agitar objetos a los tres meses no es sino la conducta original de los recién nacidos (como lo sería su apego al pezón o al chupón). Ninguna de estas conductas es más "intencional" que el acto reflejo de la rodilla cuando el médico golpea el tendón indicado.

Después de los cinco y medio meses de vida es cada vez más obvio que los bebés ya son capaces de utilizar deliberadamente el llanto para llamar a una persona. Han adquirido entonces su primera habilidad social. La aparición de esta nueva conciencia marca el inicio de un extraordinario y fascinante proceso.

El desarrollo de un estilo social

Abandonados a sus propios recursos, los recién nacidos no podrían sobrevivir. Para lograrlo, al menos una persona mayor y en pleno uso de sus facultades debe permanecer cerca de ellos para atender sus necesidades. Pero aunque su indefensión es casi total, poseen sin embargo ciertos atributos que les permiten garantizar su sobrevivencia. Uno de ellos es su desamparo mismo, pues éste suele despertar en casi todos los seres humanos mayores sus naturales tendencias a la protección. El deseo de procurar el bienestar de un bebé, aun cuando no sea el propio, es un sentimiento humano sumamente poderoso que, en un grado u otro, nunca deja de estar presente en la mayoría de los adultos.

El segundo atributo de los recién nacidos es el llanto, cuyo uso inician desde los primeros instantes de vida. El tercero es su capacidad de aprendizaje. El aprendizaje durante los primeros meses es del tipo más simple, conocido como condicionamiento. La repetición de ciertas circunstancias genera cambios automáticos en el comportamiento del recién nacido, tal como los genera también en la gran mayoría de los seres vivos. Cuando un bebé de tres meses comienza a chupetear rápidamente en cuanto ve que su madre se acerca con un biberón o destraba su sostén, no está haciendo otra cosa que exhibir el resultado esperado del proceso de condicionamiento.

Cómo operan los principales atributos del recién nacido durante los primeros meses de vida

Casi inmediatamente después de nacer, todos los bebés comienzan a mostrarse incómodos. Puede ser que tengan frío o hambre o que les duela algo. Más allá de cuál sea la fuente de su intranquilidad, al sentirla reaccionan automáticamente a través del llanto. A los adultos suele molestarles mucho, al grado de llegar a parecerles intolerable, el llanto de un recién nacido, sobre todo si es muy ruidoso y parece ir en ascenso. La sensación experimentada es semejante a la producida por el raspado de un gis contra un pizarrón, sólo que mucho peor. Dado que la sobrevivencia del bebé depende de la presencia, al menos ocasional, de un adulto, esta persona termina tarde o temprano por escuchar el llanto y por sentirse impulsada a hacer algo. En la mayoría de los casos, los adultos intentarán hacer que el bebé se sienta más cómodo.

Las tres consecuencias de la incomodidad del bebé

Los intentos de un adulto por confortar a un bebé darán muy probablemente como resultado una de tres cosas. El bebé se sentirá mejor gracias a que el adulto detectó su necesidad y la satisfizo. Si usted es nueva como madre y su bebé comienza a llorar, quizá primero piense revisar su pañal. Si no encuentra ahí ninguna irregularidad, tal vez consulte entonces su reloj para verificar si es hora de que su hijo o hija coma. No obstante, si acaba de darle de comer hace muy poco, puede ser que pretenda hacerlo repetir. En caso de haber corrido usted con suerte, esta secuencia resultará afortunada.

La segunda situación, no tan infrecuente en los primeros tres meses de vida, es que aunque por ningún medio pueda detectar el motivo de la intranquilidad de su hijo, logre sin embargo calmarlo. Tal vez le dé un chupón o cualquier otra cosa que pueda succionar, como su propia mano o hasta un dedo de usted. El ansia de chupar es notoriamente apremiante, sobre todo en los primeros seis meses. Aunque el chupeteo intenso no produce obviamente otra cosa que una simple experiencia succionadora, el placer procurado por este solo hecho suele bastar para que el bebé deje de llorar, y por lo tanto para que cese su disgusto.

Mecer a un bebé molesto es un tradicional y eficaz remedio en estas circunstancias. Padres desesperados han recurrido incluso a paseos automovilísticos matutinos, mientras otros adquieren costosos juguetes reproductores de sonidos intrauterinos. Todos estos procedimientos tienen en común la posibilidad de estimular al bebé con una distracción inofensiva que ponga fin a su intranquilidad.

La tercera consecuencia ocasional de la incomodidad de un bebé es no poder hacer algo que lo haga sentirse a gusto y dejarlo simplemente que siga llorando.

Pero independientemente de la reacción en juego, durante las primeras semanas posteriores al nacimiento las molestias de un bebé suelen dar lugar a experiencias con una peculiaridad: cuando el bebé comienza a llorar, por lo general se acerca un adulto, comúnmente la madre, que empieza a hablarle y a tocarlo y después lo carga y acaricia. Este ciclo de llanto-reacción-bienestar se repite incontables veces al día desde el nacimiento, a lo largo de los primeros meses y particularmente en las primeras diez semanas.

El hecho de que la capacidad de un recién nacido para ver, oír y, en todo caso, aprender esté sumamente disminuida, no significa que sea nula. Como resultado de la repetición del ciclo referido, el bebé termina por asociar las diversas cualidades del adulto que cuida de él con su alivio. La apariencia, sonidos y diferentes aromas de la madre son registrados una y otra vez, lo cual origina dos interesantes resultados en el comportamiento del bebé cuando éste cumple los tres y medio meses de edad. Antes que nada, si el llanto no alcanza las alturas de un arrebato de furia, cesará tan pronto como el bebé advierta visualmente que su madre se aproxima. Esta nueva conducta, conocida como "respuesta de anticipación", es producto del proceso de condicionamiento, lo mismo que el rápido chupeteo con el que el bebé de tres meses recibe a su madre cuando se acerca con un biberón. El segundo resultado de la repetición de estas experiencias tempranas es el inicio del reconocimiento de ciertas personas. Los investigadores de la Clínica Tavistock de Inglaterra descubrieron que hacia los tres meses y medio la persona encargada directamente de la alimentación del bebé durante aquellas primeras semanas ejerce sobre él una influencia especial, manifiesta en el hecho de que el niño le sonríe más inmediata y largamente a diferencia de cualquier otra persona aun cuando ésta realice esfuerzos comparables para obtener tal efecto. Esto quiere decir que la primera persona reconocida claramente por los bebés es aquella que se ha ocupado con más frecuencia de su alimentación a lo largo de las primeras semanas de vida. Si usted no ha estado al lado de su hija o hijo en los primeros meses, será otra persona —la que haya cuidado de él o ella en forma permanente—, y no usted, la destinataria de las inmediatas y más prolongadas sonrisas del bebé.

El irresistible

La sonrisa aparece en el rostro de los bebés desde los primeros días de vida. No obstante, sus sonrisas serán escasas las primeras semanas. De cualquier modo, todo indica que esas primeras sonrisas tienen muy poca relación con la sociabilidad. En su obra clásica sobre el desarrollo de la inteligencia, Piaget señaló, en efecto, que las sonrisas iniciales de los niños pueden ser motivadas lo mismo por el rostro de uno de sus padres que por un juguete colgado sobre su cabeza. Su explicación, convincente, es que tales sonrisas son más un signo de familiaridad que de amor o, incluso, sociabilidad. Sin embargo, a partir de la décima o decimosegunda semana, ya no habrá duda del motivo de las sonrisas del bebé ni de la frecuencia con que la aparición de los padres las provoque. El surgimiento de esta fabulosa conducta y la cada vez más notoria belleza del niño o niña le concederán un atractivo indescriptible, sobre todo para los padres y los abuelos.

Cuando, hacia mediados del cuarto mes, el control sobre el movimiento de la cabeza esté casi completamente desarrollado y las dimensiones tanto de los músculos como del cuerpo hayan aumentado en forma impresionante, usted podrá darse el lujo de jugar con una persona absolutamente encantadora. Aún mejor, hacia fines del cuarto mes la mayoría de los bebés comienzan a emitir curiosos alaridos y a reír abiertamente, todo lo cual constituye para los padres, y también para los niños, una experiencia extasiadora. ¡Le hechizará!

El perceptible atractivo de prácticamente todos los bebés de esta edad es de gran importancia. Su prolongado periodo de dependencia los obliga a requerir de mucha ayuda (para decirlo cortésmente) a fin de sobrevivir.

Para garantizar esa ayuda están hechos de tal forma que entre los cuatro y los siete meses casi cualquier adulto a su alrededor los adore. En nuestros cursos acostumbramos proyectar un video en el que aparece un bebé de tres y medio meses con una sonrisa que cabría llamar explosiva. Cuando se presenta la imagen en la que le sonríe a su madre, los espectadores se conmueven profundamente. ¡La natural forma de ser de los bebés es un éxito! Por desgracia, esta afabilidad de los bebés para con todas las personas no dura mucho; es más, no puede durar mucho.

La mayor parte de las experiencias de un niño o una niña durante los primeros seis meses consisten en abundantes episodios de búsqueda de su bienestar y de "momentos divertidos" cada vez más frecuentes. En caso de que los padres estén en condiciones de pasar mucho tiempo al lado de su bebé en sus primeros meses de vida, la relación establecida

DEL NACIMIENTO A LOS CINCO Y MEDIO MESES

Consecuencias de los intentos de los adultos por remediar la intranquilidad de los bebés

LAS TRES POSIBILIDADES

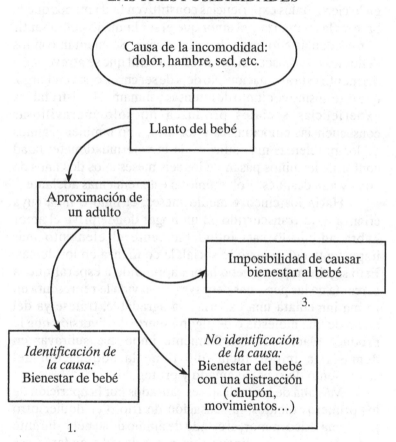

Causa de la incomodidad:
dolor, hambre, sed, etc.

Llanto del bebé

Aproximación de un adulto

Imposibilidad de causar bienestar al bebé

3.

Identificación de la causa:
Bienestar de bebé

1.

No identificación de la causa:
Bienestar del bebé con una distracción (chupón, movimientos...)

2.

entre ellos se vuelve particularmente intensa y estimulante. El bebé se nutre de todo ello.

De acuerdo con los especialistas en desarrollo mental, lo que cabe esperar en estas circunstancias es que los bebés comiencen a sentir una gran simpatía por las personas que desempeñan un importante papel en su vida y a experimentar con ellas una profunda sensación de seguridad. Si Erik Erikson (connotado investigador del desarrollo social-emocional) está en lo cierto, tales experiencias constituyen nada menos que la base de la confianza y el amor que el ser humano podrá sentir por los demás a lo largo de toda su vida. Se cuentan con los dedos los estudiosos del desarrollo infantil que se atreverían a desmentir esta afirmación. No deja de ser curioso, sin embargo, que este mismo conjunto de intensas y sumamente disfrutables experiencias sociales produzca no sólo maravillosas consecuencias emocionales y sociales, sino también algunos de los problemas más difíciles de la paternidad/maternidad conforme los niños pasan de los seis meses a los dos años de edad y aun después. Volveremos a este tema más adelante.

Hacia los cinco y medio meses, el niño o niña cuya crianza haya transcurrido en un hogar donde priva el amor habrá adquirido casi indudablemente el elemento más importante del desarrollo social: la confianza en los demás. Esto significa que el bebé habrá aprendido a esperar que la cercanía de las personas decisivas en su vida le represente en forma inmediata una experiencia agradable, trátese ya del alivio de una molestia o de alguna suerte de diversión que le produce placer. Es sencillamente imposible subrayar en demasía la importancia que tiene la adquisición del sentimiento de saberse amado y protegido.

Más allá de los malestares causados por la aparición de los primeros dientes, la sensación de frío o cualquier otro problema físico menor, el estado de ánimo de su bebé durante sus primeros cuatro, cinco y seis meses de vida tenderá a ser la mejor demostración de lo bien que la está pasando. Es poco probable que antes y después de este periodo se muestre tan feliz a diario, hora tras hora. El solo hecho de estar vivo parecería depararle enorme satisfacción. Los bebés de cinco meses sólo se quejan cuando están incómodos. Sus quejas, por lo tanto, no van dirigidas contra las personas. Puede estar seguro de que si se ponen irritables es por razones estrictamente físicas, ya sea la tendencia a producir cólicos frecuentemente (caso muy ocasional), el anticipado surgimiento de los dientes, una dolorosa infección en el oído o simplemente sueño o hambre. Nunca llorarán porque les desagrade la manera de proceder de los adultos.

¿Qué puede fallar? No mucho

Es cierto que cada bebé es único, pero eso no obsta para afirmar que tienen muchas cosas en común. Lo mismo puede decirse de los padres. Todos los bebés precisan de ayuda para sobrevivir. Carecen al nacer de suficientes atributos —más allá del representado por el llanto—, y se hallan en posibilidad de convertirse en diferentes tipos de personas. Hasta hace unos años se creía que la personalidad de un niño o niña era cuestión de herencia. Hoy sabemos que esa afirmación es falsa, a pesar de lo cual contamos con buenas razones para pensar que las prácticas de los padres son de gran, si no es que de decisiva, importancia en el proceso.

La mayoría de las madres y padres poseen las cualidades necesarias para desarrollar excelentes habilidades de paternidad/maternidad. El llanto de su bebé suscitará casi infaltablemente en ellos la más intensa ternura y el vivo deseo de procurar cariño y atención. El florecimiento de las primeras sonrisas en el tercer mes de vida es para ellos motivo del más grande amor.

Como resultado de estas conductas universales tanto en los bebés como en los padres, aquéllos suelen ser objeto en los primeros meses de vida de toda suerte de diversiones, así como de las más variadas manifestaciones de afecto y amor. ¿Cómo es entonces que padres inteligentes y amorosos se ven sumidos de pronto en grandes problemas? ¿Cómo es posible que personas bien intencionadas se vean obligadas finalmente a convivir con niños de dos años auténticamente insoportables? ¿Es factible evitar que los acontecimientos sigan ese curso o es que éste resulta en ocasiones inescapable?

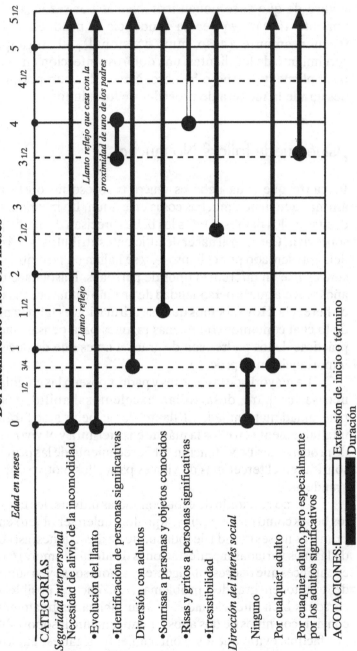

DESARROLLO INTERPERSONAL
Del nacimiento a los 5 1/2 meses

Edad en meses

0   1/2   3/4   1   1 1/2   2   2 1/2   3   3 1/2   4   4 1/2   5   5 1/2

CATEGORÍAS

Seguridad interpersonal
Necesidad de alivio de la incomodidad

•Evolución del llanto

Llanto reflejo

Llanto reflejo que cesa con la
proximidad de uno de los padres

•Identificación de personas significativas

Diversión con adultos

•Sonrisas a personas y objetos conocidos

•Risas y gritos a personas significativas

•Irresistibilidad

Dirección del interés social

Ninguno

Por cualquier adulto

Por cualquier adulto, pero especialmente
por los adultos significativos

ACOTACIONES: ☐ Extensión de inicio o término
              ■ Duración

Las primeras señales de que el desarrollo social sigue una dirección incorrecta se perciben alrededor del séptimo y medio mes de edad. Hay bebés que muestran para entonces una excesiva necesidad de atención. Se quejan a menudo si no se les carga o juega con ellos. Así, los siete y medio meses representan un primer e importante punto de referencia sobre el desarrollo social de un bebé.

El segundo tiene lugar a los catorce meses. ¡Es increíble lo bien que los bebés conocen a sus padres para estos momentos! Más de un bebé ya habrá adquirido para entonces una nutrida serie de malos hábitos, como el morder u oponerse vigorosamente al cambio de pañal. No obstante, aún más sorprendente es que para esta tierna edad algunos bebés se hallen convertidos en expertos manipuladores. Es ciertamente notable la capacidad de un bebé de catorce meses para utilizar sus chillidos y gritos como medio para imponer su voluntad a sus padres. Además, resulta sumamente difícil modificar esta situación una vez que el bebé aprende a dominarla. ¡Dese cuenta que estamos hablando de los catorce meses de edad!

El bebé que para los catorce meses ya ha adoptado la costumbre de oponerse al cambio de pañal, golpear y patear y desechar el "no" como respuesta incurrirá inevitablemente en conductas aún más problemáticas en los meses por venir, al punto de que el saldo de su segundo año de vida será francamente negativo en este sentido. Aun en las mejores circunstancias, este bebé provocará a sus padres cuantiosas penalidades a lo largo del periodo de los catorce a los veintidós meses, durante el cual no cesará de experimentar con su recién descubierto poder en su trato con ellos. Los niños y niñas de catorce meses que han desarrollado ya maneras sociales conflictivas bien pueden hacer de este periodo una larga serie de tensas peleas, frustrantes no sólo para sus padres, sino también para ellos.

Llegado a los veintidós meses, un niño puede ser todo un veterano en cuanto a sus muy imperfectas interacciones con sus padres, razón por la cual podría decirse que es ya muy mayor en lo social. Su "amplia" experiencia de socialización tiende a hacer de su influencia en la familia una fuerza muy poderosa, tal como lo dejan ver los berrinches del tercer año de vida, habitualmente fundados en este motivo. Es ésta también la razón de que la edad de los dos años sea conocida como "terrible". Si a eso se añade la muy probable existencia de un hermano o hermana menor, la situación se vuelve aún más compleja, pues incluso a los niños óptimamente desarrollados de entre dos y dos y medio años les cuesta mucho trabajo asumir tal forma de competencia, y ya no digamos a quienes han seguido un deficiente desarrollo social. Sin embargo, no se desespere. Con la descripción de las fallas no persigo otro propósito que el de ayudarle a evitarlas, lo cual puedo asegurar que es perfectamente posible.

¿Qué, si es que algo, puede fallar en el desarrollo social de un bebé durante sus primeros cinco meses y medio? De las numerosas investigaciones al respecto se desprenden dos conclusiones: las experiencias de los primeros meses de vida producen efectos cruciales y duraderos, no obstante lo cual, en segundo término, las posibilidades de que algo marche mal en esta época son muy escasas.

Las investigaciones más importantes de las dedicadas a resolver esta cuestión corresponden a los estudios conocidos como de "privación materna", iniciados en la década de los cuarenta por el psicoanalista René Spitz. Spitz analizó el desarrollo de bebés criados en orfanatorios, por lo cual carecieron de la oportunidad de establecer cualquier tipo de relaciones amorosas en los primeros años de su vida. Hasta principios de siglo, lo común era que niños en estas condiciones no sobrevivieran más allá de dos años. Los adelantos médicos significaron para muchos de ellos la posibilidad de seguir viviendo, aunque, lamentablemente, en calidad de "inválidos psicológicos", condenados a una existencia anormal. Nuevos estudios sobre el particular dieron como resultado una monografía de la Organización Mundial de la Salud elaborada por el especialista inglés John Bowlby en la que se citan cientos de investigaciones sobre las consecuencias de la falta o ruptura de relaciones afectivas tempranas.[1] El hallazgo fundamental de todas ellas es que el bienestar emocional de los niños es extraordinariamente vulnerable durante los tres primeros años de vida.

A partir de entonces, todos los especialistas en salud mental han sostenido que los primeros tres años de vida constituyen un "periodo crítico" para el desarrollo social y emocional. Así, es ya un principio básico entre quienes se ocupan profesionalmente del bienestar de los niños pequeños la necesidad de comprobar que todos los infantes establezcan y conserven una intensa relación afectiva al menos en sus primeros tres años.[2] Aquellas sustanciosas obras, el consenso generalizado al respecto y estudios semejantes sobre otras especies animales justifican la inquietud de muchos profesionales acerca de la cada vez más difundida delegación del cuidado de los menores.

Esto quiere decir que si usted desea que al cumplir tres años su hija o hijo sea saludable emocionalmente, deberá cuidar de que particularmente durante sus primeros cinco meses y medio sus necesidades sean satisfechas lo más rápida y eficazmente posible, así como establecer con él o ella una sólida relación afectiva.

¿Qué implica esto para usted? Su intención no es de ningún modo deshacerse de su bebé. Si hemos hablado aquí de las investigaciones sobre privación materna ha sido para dejar en claro lo que está en juego en los primeros meses de vida de su bebé tanto en lo emocional como en lo social. El tema puede ser más que oportuno para usted si ha pensado en la posibilidad de delegar el cuidado de su hijo en otra u otras personas durante los primeros meses. En caso de hacerlo, tenga mucho cuidado. Evite a toda costa, al menos, una atención deficiente asociada a una situación en la cual cada empleado o empleada debe hacerse cargo de un gran número de bebés.[3]

Si evita recurrir a servicios de atención maternal de mala calidad, es probable que el desarrollo social de su bebé no resienta ningún efecto de gravedad durante los primeros cinco y medio meses de vida.

Los niños descuidados no se hacen consentidos
Paradójicamente, el estilo de crianza necesitado para que el bebé inicie adecuadamente su desarrollo emocional es justamente el que produce niños mal educados. Si a un bebé se le permite llorar con frecuencia sin hacerle caso o por periodos

largos cuando necesita comer, repetir o se le cambie el pañal, aprenderá la lección de que llorar no le sirve de gran alivio. En los orfelinatos impera la regla de que el llanto de los bebés no debe ser atendido de inmediato, o incluso no atendido. Los niños y niñas que crecen en estas circunstancias no acostumbran llorar a partir de los seis o siete meses, y cuando lo hacen es debido exclusivamente a una molestia física de consideración. Son bebés que no lloran para atraer la atención de los demás.

De igual manera, si quienes rodean a un bebé de tres, cuatro y cinco meses de edad no pasan demasiado tiempo a su lado complaciéndose con sus sonrisas y la excepcional gracia de que los infantes de esta edad suelen hacer alarde, el bebé difícilmente tendrá idea de que los mayores están a su disposición todo el tiempo para hacerlo feliz. Por lo tanto, lo más probable es que cuando llegue a los dos años no sea un niño consentido. Es obvio, sin embargo, que nadie recomendaría estas tácticas para la crianza del bebé.

Cómo educar a un bebé

Metas: Las características sociales de un niño de tres años de desarrollo óptimo

¿Cuáles son las características sociales propias de los niños y niñas de tres años de quienes se pueda decir que son encantadores y no están mal educados?

Son felices. Disfrutan de la vida la mayor parte del tiempo y no corresponden al tipo de los niños quejumbrosos crónicos.

Se llevan muy bien con todos cuantos los rodean (salvo que estén enfermos o cansados), con una sola excepción: sería mucho pedirles que también se llevaran bien con sus hermanos menores.

Les gusta compartir y que los demás sean compartidos con ellos.

Son muy correctos y aceptan con agrado la autoridad de sus padres, excepto en circunstancias extraordinarias (de enfermedad o fatiga extrema, nuevamente).

Son socialmente competentes: atraen la atención de los demás en formas socialmente aceptables; son autosuficientes, aunque pueden recurrir al apoyo de un adulto si algo se les dificulta; suelen sentirse legítimamente orgullosos de sus logros. Son capaces de expresar abiertamente sus sentimientos. Practican con frecuencia actividades imaginarias, como la de actuar como adultos (jugar a que son doctores o maestros, por ejemplo), lo que supone cierta resistencia a adoptar papeles de bebé o de animales. Son igualmente capaces de dirigir y ser dirigidos por niños y niñas de su misma edad.

Saben qué es "hacer bien" las cosas y cuentan con la necesaria seguridad en sí mismos para saber que son capaces de proceder así.

Me encantaría poder decirle que todas estas características han sido tan bien estudiadas como las facultades de la inteligencia y el lenguaje, pero me temo que no es el caso. Sin embargo, con base tanto en mis investigaciones como en la experiencia de destacados educadores preescolares puedo afirmar que si esta descripción se aplica a su hijo o hija de tres años, ahora o en su momento, gozará usted de la dicha de convivir con un infante muy agradable y bien educado.

La primera meta social del periodo entre el nacimiento y los cinco y medio meses es sin duda la más importante para los padres durante los años preescolares de sus hijos: la constatación del bebé de que se le ama apasionada e incondicionalmente. La segunda es que el bebé aprenda a dominar el llanto intencional como recurso en la búsqueda de compañía. La tercera, que sea capaz de interesarse vivamente en lo que lo rodea, que lo consuma la curiosidad. Todas las personas, sobre todo las interesadas en libros como éste, son absolutamente capaces de alcanzar estas metas.

El bienestar del bebé

Los recién nacidos carecen de la capacidad mental que les permita comprender que se les ama, pero los esfuerzos de sus padres por garantizar su bienestar desde que llegan al mundo van sentando las bases de una firme relación de amor. Junto con tales afanes, existen innumerables ocasiones para la sonrisa, la risa y la diversión que van incrementándose de una semana a otra en las cuales usted demuestra a su bebé que lo ama, y al mismo tiempo le confiere una sensación de seguridad respecto de usted.

Es de esperar que en las primeras diez semanas surjan toda clase de dificultades a causa de las numerosas y permanentes incomodidades del bebé. Hay padres que corren con suerte y sus labores comienzan a facilitarse desde la segunda o tercera semana gracias a la intempestiva costumbre de su bebé de dormir por periodos de cuatro, cinco o hasta más horas por la noche, cuando lo común es que en las primeras semanas duerman en lapsos sucesivos de tres horas de duración. No obstante, hay bebés que duermen un mayor tiempo y más profundamente que el promedio. Sus problemas digestivos son anormalmente mínimos. Los padres de estos niños suelen asombrarse de que en su caso no imperen las angustias habituales de los primeros meses. (Si usted tiene esta fortuna, permítame darle un consejo: no se lo diga a padres de bebés de la misma edad.)

Sin embargo, lo común es que en las diez primeras semanas los padres deban someterse a un pesado proceso de aprendizaje de todo lo relacionado con su bebé y duerman menos que de costumbre. Aprender a mantener satisfecho a su bebé durante sus primeros dos meses y medio les costará complicaciones enormes, que más de una vez los harán sentirse incapaces. De acuerdo con nuestros hallazgos, los padres suelen comenzar a sentirse relativamente competentes en la atención de su hijo o hija hacia el final del tercer mes (a menos que el bebé padezca cólicos regularmente). A partir de entonces, hasta los padres primerizos saben mejor que nadie cómo resolver prácticamente todas las necesidades del bebé. De cualquier modo, describiré a continuación algunos métodos particularmente eficaces.

El uso del chupón

Aunque algunas madres y padres los detestan, los chupones facilitan la convivencia con el bebé, sobre todo en los seis primeros meses, lo que sin embargo no quiere decir que garanticen la ausencia de problemas.

Hay padres que aseguran haber intentado acostumbrar a su bebé al chupón sin éxito, porque definitivamente lo rechaza. Sospecho que en la mayoría de estos casos o los padres no están convencidos de la conveniencia de su uso o no saben cómo acostumbrar al bebé a usarlos. Tal vez el tipo de chupón no haya sido el indicado. Muchas personas creen, además, que los recién nacidos están naturalmente habilitados para retener un chupón y succionarlo durante varios minutos, cuando lo cierto es que en las primeras semanas muy pocos bebés pueden mantenerlo por más de unos segundos; parecería que la lengua entorpece la operación y obliga a la expulsión del objeto. Este sencillo hecho suele causar enormes problemas, porque muchas madres y padres creen como deber esencial hervir los chupones siempre que se les utilice. Con un bebé desesperado en brazos, la situación puede volverse verdaderamente caótica. La retención del chupón supone cierta destreza, que por desgracia no se hereda. Sea paciente; su bebé adquirirá esta habilidad poco a poco; cerca de un mes después será capaz de mantenerlo firmemente en la boca durante largos minutos.

Es imposible encontrarle utilidad a este artefacto si los padres no se toman la molestia de determinar, mediante prueba y error, el tipo de chupón que le agrada a su bebé; son muy baratos y pueden hacerse tantas pruebas como sea necesario. Acostumbre a su bebé a utilizarlos desde el primer momento en que le sea posible; los nuevos padres suelen cometer el error de dejar pasar demasiado tiempo. Póngalo en su boca desde el primer arrebato de cólera o intranquilidad (el cual puede ocurrir muy pronto); ni siquiera lo notará. Déselo cuando esté incómodo, pero antes de que se halle fuera de control. ¿Qué puede hacer en caso de estar fuera de control? Recurra al "elevador".

El "elevador"
Esta técnica fue inventada por mi esposa, Janet Hodgson-White, en uno de los cursos de "Los nuevos padres como maestros" hace unos tres años. Consiste en lo siguiente: sostenga firmemente al bebé frente a usted y reproduzca los movimientos que hace cuando se encuentra en un elevador y éste se detiene abruptamente (claro que no demasiado); para lograrlo, flexione

levemente las rodillas. Repita la operación varias veces, titubeando momentáneamente entre una flexión y otra.

Entre las cinco y diez flexiones, el bebé se calmará y notará el chupón entre sus labios; lo más probable es que se prenda de él y comience a succionarlo con ansiedad. Quizá tal cosa no ocurra las primeras veces, pero no deje de intentarlo.

Suaves desplazamientos
Pasear a un bebé por una habitación es un remedio tradicional para apaciguarlo cuando está alterado. No es gratuito que en toda familia suela existir una gran colección de cochecitos para bebé de todos los estilos. También se le puede cargar en brazos y arrullarlo sobre una mecedora, o comprar un balancín motorizado, muy útil hasta los cuatro meses. Es necesario sostener la cabeza y el torso del bebé menor de tres meses cuando se usa este aparato, aunque para tal efecto también pueden servir unos pañales enrollados o unas almohadillas. (Estos artefactos son caros y su utilidad no rebasa las quince semanas, de manera que lo más razonable es pedir prestado uno o conseguirlo usado).

Paseo en automóvil
No es raro que para distraer a un bebé inconsolable los padres recurran a un paseo en auto. Es muy antiguo el descubrimiento de que por lo general los bebés dejan de llorar y se duermen casi desde el momento en que el carro inicia su marcha. Incluso, entre los nuevos padres se ha vuelto costumbre sacar a pasear a sus bebés en auto varias veces a la semana entre las 2 y las 5 de la mañana. (No sólo eso: ya existe un aparato de dos piezas, el SleepEase, que, adaptándose a la cunita del bebé, produce la misma sensación de movimiento de un coche; su costo en Estados Unidos es inferior a los cien dólares. La pieza complementaria es un audiocassette con sonidos suaves. El paquete incluye folletería, y hasta informes de investigación científica, según la cual este sistema puede ser de gran utilidad. Quiero aclarar que no estoy recomendando su uso, sólo informo sobre su existencia.)

Diversos patrones de sonidos
Sonidos de diferente tipo pueden ayudar a tranquilizar a bebés de esta edad. Hay algunos que se sosiegan con el ruido de una aspiradora, otros con el correr del agua de la llave y otros más con el de un radio encendido no sintonizado, para escuchar sólo la estática; se le sube un poco al volumen y basta.

Hace unos diez años fue lanzado al mercado un osito de peluche especial, equipado con una cinta que emitía sonidos similares a los percibidos por el feto en el útero. La idea era procurar un efecto tranquilizante por medio de la reproducción del latido materno y de los borboteantes ruidos producidos por el viente de una mujer embarazada, sonidos familiares para el bebé. Antes incluso del lanzamiento de este producto se habían difundido los exitosos resultados de un estudio japonés sobre un aparato similar.

Me voy a permitir recomendarle un libro sobre bebés que padecen cólicos frecuentes: *Why Is My Baby Crying?*, del doctor Bruce Taubman (Fireside Books, Nueva York, 1990). Aun si su bebé no suele padecer cólicos agudos, las sugerencias del autor le resultarán útiles. Ignoro si existen pruebas científicas de la eficacia de los procedimientos recomendados en este libro, pero parecen lógicos y coinciden con mis conocimientos sobre los bebés, de modo que pueden servirle en caso de que su bebé sufra muchas molestias. (Quizá no lo encuentre en librerías, donde las tres docenas de libros sobre bebés publicados anualmente en Estados Unidos no duran por lo general más de un año; de ser así, recurra a una biblioteca.)

No obstante, la mayoría de las familias con las cuales mis colaboradores y yo hemos trabajado no han necesitado ni del libro al que acabo de referirme ni de los paseos en auto para ocuparse adecuadamente de sus bebés, aunque ciertamente han echado mano del chupón y aprendido a usarlo eficazmente, así como realizado toda clase de experimentos con mecedoras, aspiradoras, llaves de agua, radios, "elevadores" y demás.

Pero ya sea de una manera u otra, la mayoría de los padres se vuelven expertos en el bienestar de su bebé para cuando éste alcanza los dos y medio o tres meses de edad. Sólo una de cada diez familias tiene que vérselas con un bebé con cólicos frecuentes durante varios meses más. Las compadezco, pero en tales casos sólo queda seguir procurando la tranquilidad del bebé por todos los medios posibles.

Las miles de molestias seguidas por las acciones para aliviarlas de uno o dos adultos al cuidado permanente del bebé dan como resultado que al cabo del cuarto mes de vida éste identifique (aunque en un nivel primitivo) a quienes se encargan de atenderlo. Estas mismas experiencias son la causa de que durante el sexto mes surja el llanto intencional en busca de compañía. En consecuencia, las acciones rutinarias para evitar las incomodidades del bebé posiblemente sean fundamento del consentimiento posterior, el cual no es, de cualquier forma, inevitable. Sin embargo, nadie que conozca las necesidades de los bebés le recomendará dejar de atenderlos cuando algo los haga alterarse.

Errores probables

Es muy importante que los padres estén conscientes de que indudablemente habrá momentos en los cuales nada parezca funcionar. De ser éste el caso, no queda sino rendirse y dejar al niño llorar cuanto quiera. Claro, usted deberá cerciorarse de que no esté enfermo, y pensar que aun sin estarlo durante los primeros meses puede sentirse en ocasiones muy molesto a pesar de todos los intentos de los padres por evitarlo. Si usted se resiste a aceptar este hecho y persiste en buscar una solución, sólo conseguirá agotarse sin cumplir con su objetivo. Si se ha esforzado y el bebé no está enfermo, el ataque de llanto prolongado por más allá de treinta minutos bien puede significar la necesidad de un "desahogo". Pero por más atormentadoras que estas circunstancias puedan resultar, convénzase de que nada puede hacer. En la mayoría de las familias estos casos son poco frecuentes; de lo contrario, estamos frente a un bebé con cólicos crónicos.

El efecto del cólico

Michael fue desde el principio un bebé con cólicos frecuentes. Tal como acostumbrábamos, dijimos a sus padres que quizá la situación se volvería menos difícil después de diez semanas, a partir de ese momento la pasarían muy bien con su bebé hasta llegados los siete meses y medio, cuando comenzara a gatear. También les comentamos sobre bebés que padecen muchas molestias desde su nacimiento (tal vez uno de cada ocho), hasta su cuarto mes. Sin embargo, mencionamos únicamente de soslayo que uno de cada veinte bebés sufren cólicos en forma casi permanente durante sus primeros seis o siete meses. No insistimos en ello con la intención de no desmoralizarlos; se les notaba muy fatigados y prácticamente al borde de la desesperación. Pero para nuestra desgracia, ¡Michael resultó ser ese uno entre veinte! Sus frustrados y desvelados padres lo intentaron todo: seis diferentes clases de chupones, uso frecuente pero fallido del balancín, paseos de una habitación a otra durante horas enteras tanto del día como de la noche ¡y a lo largo de ocho meses! (Era un bebé de grandes dimensiones, en tanto que su menuda madre, de menos de 50 kilogramos de peso, padecía de la espalda.) Hasta que el niño cumplió siete meses pudieron volver a cenar juntos. Ocuparse de Michael durante aquellos ocho meses fue una verdadera pesadilla.

No obstante, este caso terminó con un final feliz. A sus ocho meses, Michael era un maestro en el arte de quejarse, pero gracias a la infinita paciencia de sus padres llegó a los dos años en posición notoriamente equilibrada: para entonces era un niño dichoso y encantador. Su temprano padecimiento no desembocó en una situación de ingobernabilidad.

Enfrentar los accesos de inquietud de los bebés, muy frecuentes en los dos primeros meses de vida, es un auténtico reto para los padres. Si a esta permanente fuente de tensiones se le añade que durante este periodo el descanso de los adultos es muy relativo, se comprenderá la necesidad de los padres de allegarse de toda la ayuda posible. Pero, por fortuna, las cosas suelen marchar mucho más plácidamente cuando el bebé inicia su tercer mes.

La diversión con el bebé

El segundo factor en importancia en el buen inicio de la vida de su bebé es sencillamente el de divertirse a su lado. Al principio, su escasa firmeza corporal no ofrecerá muchas posibilidades de juego, pues el cuello y los músculos de la espalda comienzan a fortalecerse sólo a partir de los tres meses. Sin embargo, ya desde el segundo mes notará usted grandes avances, y una vez llegado el tercero —el mes en el que por fin se hacen presentes las más gloriosas sonrisas— la diversión estará garantizada. En coincidencia con ello, su bebé le permitirá dormir mejor, de manera que usted recuperará su habitual prestancia durante el día. Es en estos momentos que se inicia una fase especial de la paternidad/maternidad. Cada día advertirá que su bebé es más fuerte y sensible. Hacia los cuatro o cuatro y medio meses, ya podrá sostener firmemente la cabeza sin esfuerzo alguno y su torso habrá adquirido solidez. Se le verá alerta, despierto, a gusto con la vida. Emitirá con frecuencia gritos jubilosos y se mostrará tan fascinado con usted como usted con él.

Las numerosas oportunidades de diversión con su bebé y las igualmente constantes ocasiones en que habrá de procurar su bienestar son inevitables. A través de estas naturales experiencias, bebés y padres terminan por enamorarse por completo entre sí, con lo que el saludable desarrollo social de los niños está prácticamente garantizado.

Signos del inicio de una nueva etapa de desarrollo: La aparición del llanto intencional

Durante los primeros meses su bebé llorará mucho a causa de sus abundantes molestias. Tendrá más de un motivo para sentirse incómodo: hambre, cansancio, malestar o la dentición. No obstante, nada en este periodo hace pensar que llore para reclamar la presencia de usted o para hacerle saber que está intranquilo. Este modelo de comportamiento se modifica a partir del quinto y medio o sexto mes, época en la cual los bebés adquieren su primerísima habilidad inteligente de resolución de problemas: el llanto intencional en busca de compañía. Esta habilidad es señal de que su bebé ha recibido toda la atención necesaria y de que su desarrollo mental sigue un curso normal, así también muestra el inicio del periodo en el que debe administrar los mimos con cautela para prevenir desagradables consecuencias.

Notas:

[1]Maternal Care and Mental Health, Organización Mundial de la Salud, Ginebra, Monografía 2, 1951.

[2]Este importante principio fue violado en un caso reciente ante la Suprema Corte del estado de Michigan, en Estados Unidos. Tras haber sido educada por cariñosos padres adoptivos desde que tenía unos cuantos días de nacida, una niña de dos años y medio fue devuelta a su madre, quien había dejado de tener contacto con ella desde su primera semana de vida. La justificación legal de esta decisión fue que en los trámites de adopción de la niña se había cometido un error técnico. Quienes hemos estudiado el desarrollo humano inicial y nos hemos desempeñado profesionalmente en este campo consideramos este acto como trágico y absurdo. Por desgracia, el sistema judicial suele cometer esta clase de errores.

[3]Otro riesgo por evitar en la atención colectiva de bebés son las enfermedades contagiosas. Los bebés cuya atención se delega a centros de este tipo suelen padecer durante los dos primeros años de vida una proporción de catarros y otras enfermedades contagiosas entre tres y cuatro veces superior a la de los bebés criados en el hogar.

CAPÍTULO 2

DE LOS CINCO Y MEDIO A LOS SIETE
Y MEDIO MESES

Desarrollo social normal: La evolución del interés en los demás

Primeras muestras de ansiedad de extrañeza
Durante estas aproximadamente ocho semanas, su bebé seguirá mostrándose sociable y compartiendo experiencias agradables con las personas más importantes de su vida. En la mayoría de los casos, los visitantes seguirán teniendo una cálida recepción, trátese o no de personas directamente allegadas a la familia. Sin embargo, algunos niños comienzan por esta época a mostrarse un tanto recelosos con quienes no conviven a diario.

Se ha escrito mucho sobre la ansiedad de extrañeza, fenómeno que suele presentarse en prácticamente todos los niños de desarrollo sano. Mis asistentes y yo dedujimos que aparecía infaltablemente cuando el bebé se aproximaba a los siete meses de edad y se prolongaba, con cierta intensidad, durante alrededor de dos meses, a partir de lo cual se imponía un largo periodo de timidez ante los extraños que solía finalizar aproximadamente en el segundo aniversario del bebé. Sin embargo, resultó que nuestra interpretación era simplista.

Ahora sabemos que uno de cada treinta niños, en promedio, casi no muestra este tipo de ansiedad durante sus primeros años. A lo largo de su segundo año de vida, regalará sonrisas a todas las personas que conozca y hasta, de ser posible, les tenderá la mano para estrechar la suya.

Así pues, en la actualidad sostenemos la hipótesis de que la ansiedad de extrañeza es parte normal del proceso de desarrollo social, aunque tanto su inicio como su intensidad y duración son variables. Esta peculiaridad dificulta la enseñanza de las prácticas de paternidad/maternidad más indicadas al respecto, a pesar de lo cual pueden comentarse ciertas afirmaciones fidedignas.

Todos los bebés son sumamente atractivos y sociables, sobre todo a partir del tercer mes. Su atractivo les ayuda a conseguir la absoluta lealtad de cuando menos un adulto, elemento imprescindible para su sobrevivencia. Esta lealtad suele estar firmemente asentada cuando arriban a los siete meses de edad, y a partir de esta fecha comienzan a inquietarse ante la posibilidad de que las personas que no conviven a diario con ellos representen una amenaza para su seguridad. En consecuencia, cuando su bebé se acerque a los siete meses, o incluso desde semanas antes, es de esperar que ocurra un cambio en su comportamiento hacia a las personas que no ve todos los días.

Dejará de reaccionar con plenas e inmediatas sonrisas; ahora dirigirá a los extraños fijas miradas no exentas de solemnidad. Si su bebé se halla en brazos de usted, es probable que ante la cercanía de alguien desconocido se vuelva y oculte la cara, muestra de distanciamiento que puede prolongarse por cinco, diez o más minutos. No obstante, transcurrido este lapso quizá "entre en confianza" y se muestre amigable con aquella persona. Pero si ésta se aproximó de súbito, se presentó en forma ruidosa e intentó cargarlo, la reacción de su hijo puede ser más bien de intenso temor, sin importar si es uno de sus abuelos.

Esta modificación en el estilo social de su hijo o hija ocurre con frecuencia alrededor de los siete meses, semanas más, semanas menos, aunque puede presentarse incluso desde los cinco meses o en fecha tan tardía como los nueve o diez. A pesar de ello, su manifestación es poco probable si el bebé se encuentra en el hogar. Por lo demás, la diferencia puede estribar en las características faciales de la persona. Hay bebés que se muestran especialmente temerosos de los hombres barbados o de las mujeres que portan sombrero, mientras que otros sienten miedo de los varones en general y no de las mujeres, por ejemplo.

Desde el punto de vista del desarrollo, la aparición del temor por los extraños resulta lógica. Indica que el bebé identifica a las personas por las que se sabe protegido, de manera que quienes no corresponden a este género son para él dignas de toda sospecha. Este periodo de especial susceptibilidad ante personas desconocidas suele durar dos meses, aunque puede prolongarse hasta buena parte del segundo año de vida, si bien con menor intensidad.

Entre los cinco y medio y los siete y medio meses de edad, la principal atención social de su hijo estará dirigida a las personas que ve todos los días. Quizá siga mostrándose encantador con todo mundo, pero se interesará notoriamente por quienes ocupan un importante lugar en su vida.

El desarrollo de habilidades sociales especiales

La habilidad de atraer la atención en formas socialmente aceptables
A diferencia de los primeros cinco meses y medio, la mayoría de los bebés de seis meses cuentan con la capacidad de llorar a fin de atraer la atención de quienes los rodean. A partir de este momento experimentarán con diferentes tipos de ruido y llanto con el propósito creciente de garantizar la atención de las personas decisivas para ellos.

El llanto intencional en busca de compañía
Los bebés atraen una y otra vez la atención de los seres humanos que los rodean durante los primeros cinco y medio meses de vida. Para lograrlo les basta con su sola existencia y con su alto valor ante sus padres. Para cuando inician el tercer mes, tienen adicionalmente un atractivo para los demás cada vez más marcado y la novedosa capacidad de percepción de su entorno, así como la habilidad para generar toda suerte de ruidos. Sin embargo, a lo largo de todos estos meses no recurren al llanto para llamar la atención.

De acuerdo con Piaget, la primera conducta intencional de un bebé consiste en remover un obstáculo que le impide apoderarse de un objeto. Denomina este acto como "conducta instrumental" (un medio para alcanzar un fin) y fija su aparición en algún momento durante el séptimo mes de vida. Considera asimismo que ésta no sólo es la primera conducta intencional, sino también el primer signo primitivo de la habilidad para resolver problemas. En este sentido, se trata nada menos que del primer acto "inteligente" de un bebé.

Calculo que a fines del sexto mes, alrededor de treinta días antes de que los bebés comiencen a desplazar obstáculos para alcanzar ciertos objetos, inicia el llanto intencional para atraer la atención. Es muy probable que usted descubra que más allá de manifestar incomodidades experimentadas, el llanto de su bebé tiene el propósito de llamarlo. Los signos de esto son muy fáciles de percibir: escuchará a su bebé llorar cuando no se encuentra a su lado y se dará cuenta que mira en su dirección conforme se acerca a él, en evidente espera de su presencia, ante la cual cesará de llorar y sonreirá. Éstas son justamente las primeras señales del llanto intencional en busca de compañía. Pocas semanas después, le tenderá los brazos, en obvia referencia a su deseo de que lo cargue.

El surgimiento del llanto intencional es un excelente signo. No obstante, debe mantenerse alerta; de un momento a otro advertirá que su bebé está por iniciar una etapa muy importante e interesante, cuyo punto de partida puede ser representado por la más tenue muestra de su capacidad de ejercer ciertos efectos sobre usted. ¡No se precipite! ¡Aguarde para comprobar a dónde habrá de conducirlo todo esto!

El llanto intencional y la alimentación con cuchara
La mayoría de las madres y padres comienzan a dar alimentos sólidos a sus hijos a partir de los cuatro o cinco meses. La alimentación con el uso de la cuchara supone para los bebés el aprendizaje de importantes lecciones sociales, relacionadas en principio con el llanto intencional. Aprenden a llorar para insistir en lo que desean de sus padres. El desarrollo a partir de entonces constituye el centro del estilo social del bebé.

Es inevitable que al alimentar al bebé en una silla apropiada para su edad llegue el momento en que muestre su deseo de interrumpir la comida, sea por que no esté dispuesto a aceptar más alimento o de que usted le haya ofrecido algo que no le gustó. Cuando, alcanzados los seis meses, haya adquirido la habilidad de manejar sus manos con relativa destreza, quizá empuje la cuchara que usted le presenta para ponerla fuera de su alcance, o bien simplemente apriete los labios con firmeza o vuelva la cabeza de lado. Muy pronto aprenderá a acompañar estos gestos con algún ruido de evidente disgusto. Todas estas conductas son propias de su edad. Naturalmente, usted no insistirá en que siga comiendo. Tal vez piense que se siente satisfecho o la comida no fue de su agrado. Cuando esto ocurra —y será con frecuencia en las semanas siguientes—, su hijo o hija aprenderá una básica, muy importante lección: su resistencia puede lograr que usted deje de hacer algo que a él o ella no le gusta. Aprenderá en particular que su llanto de fastidio transmite un mensaje terminante.

Es a partir de esta muy común y comprensible experiencia que la mayoría de los bebés empiezan a entender en qué forma pueden manifestar insistencia en hacer su voluntad: a través de un tipo de llanto, estrechamente ligado al emitido cuando busca compañía, pero de diferente origen. En los meses por venir, su bebé integrará paulatinamente ambos tipos de llanto, volviéndose cada vez más insistente en su deseo de recibir atención de usted y cada vez más inflexible en su resistencia contra sus acciones.

Qué hacer cuando no hay nada que hacer
En los últimos treinta y seis años —en las circunstancias más variadas, con gran frecuencia y durante prolongados lapsos —, he observado a innumerables niños en la etapa de los primeros seis años de vida. En casi todas las fases es muy interesante observarlos. Los bebés entre los nueve y diez meses, edad en la que empiezan a gatear, son sencillamente fascinantes, como también quienes se hallan entre los catorce y los dieciséis, cuando se desplazan con gran soltura.

Durante su primer mes de vida, los bebés me conmueven hasta las lágrimas. Duermen mucho. La modorra no los abandona aun cuando estén despiertos, si bien en estado de vigilia todo parece intrigarles. Cuando, alrededor de los dos meses y medio, adquieren mayor destreza visual, se vuelven muy interesantes, pues comienzan a sonreír, a entretenerse con minúsculos juguetes y a observar detenidamente sus manos. En los tres meses siguientes, se advierten abundantes y veloces cambios. Entre los dos y medio y los cinco y medio meses casi no hay día sin que ocurra algún cambio de importancia. Su fortaleza física se incrementa, su apariencia mejora, sus actividades se diversifican y, sobre todo, se vuelven seres muy sociables. No obstante, a partir de ese momento su desarrollo inicia una marcha más lenta.

Observar a los bebés entre los cinco y medio y los siete y medio meses fue siempre para mí una actividad un tanto aburrida. Cuando iba a una casa para ocuparme de cierto bebé de seis meses, solía encontrármelo en el suelo encima de una cobija, sobre una sillita de bebé o en un asiento plegadizo, aunque era más común encontrarlo en brazos de su madre. He de decir que los bebés de seis meses son por lo general muy hermosos y amigables, ¡pero no hacen nada! Su oficio es la holgazanería. Muy de vez en cuando algo les molesta, y entonces lloran, a menudo en busca de compañía. Alguien se les acerca, les da un par de juguetes o de sonajas o los carga para darles un pequeño paseo hogareño, platicarles cualquier cosa u ofrecerles de comer, lo cual no es atractivo para un observador.

Sin embargo, en los últimos tres años aprendimos un poco más sobre este periodo, los cual resulta ciertamente interesante e importante. Hemos descubierto que observar a niños y niñas de esta edad no tiene por qué ser aburrido, y cuando esto sucede la razón puede estribar en un desarrollo social no conducido como se debería.

¿Cómo son habitualmente los bebés de seis meses? Son seres sumamente sociables, y no sólo con sus padres. Su recién adquirido vigor es notorio; desprenden energía por todos los poros. Suelen ser un tanto regordetes, con los músculos de los brazos, el cuello, la espalda y las piernas impresionantemente fortalecidos. Han aprendido a controlar su cuerpo con más efectividad, y aunque todavía no saben gatear (sólo uno de cien lo hace, y espero que no sea el suyo), pueden volverse fácilmente hacia todos lados desde su silla sin perder el equilibrio. Para estas fechas suelen tener habilidad de manejar sus manos para alcanzar objetos que despiertan su curiosidad, los que comúnmente manipulan con fruición antes de, casi como norma, llevárselos a la boca.

El sentido de la vista se ha desarrollado al grado de ser capaces de percibir con claridad los objetos de una habitación como lo haría un adulto. También su capacidad auditiva ha madurado mucho para entonces. Sabemos que todos los niños de seis meses en buen estado de salud son excesivamente curiosos: todo les atrae. Muchos de los objetos percibidos parecen interesarles; ¡se diría que lamentan ser incapaces aún de prenderlos todos! Así pues, luego de jugar un rato con los pocos objetos a su disposición y una vez que los han chupeteado, manipulado a su antojo y finalmente lanzado lejos, es casi nada lo que pueden hacer. Me atrevería a sugerir que se aburren. Sin embargo, aspecto de sumo interés para los efectos de este libro, poseen un instrumento que les permite combatir el tedio: el llanto en busca de compañía, su nueva herramienta social.

Este tipo de llanto suele ser, en efecto, uno de los recursos habituales de los bebés de seis meses de edad, quienes parecerían empeñados en agotar sus consecuencias a lo largo de las diez semanas siguientes; tal es la creciente frecuencia con que hacen uso de él. En este periodo, la mayoría insiste cada vez más en que se les cargue y entretenga. He dicho ya que, al cumplir un año, los niños exigen mayor atención; el periodo al que nos venimos refiriendo es el punto de partida de esa actitud y el que explica sus motivos.

El desarrollo de un estilo social

Surgimiento de la capacidad de quejarse
En cuanto el bebé adquiere la habilidad del llanto intencional, también consigue dirigir una queja a otra persona. Esto es justamente lo que su bebé comenzará a hacer cuando se resista a comer los alimentos ofrecidos con una cuchara. A partir de este punto de su desarrollo es muy importante distinguir entre el llanto de incomodidad no dirigido específicamente a nadie y el dirigido a una persona, por lo general uno de los padres. El llanto intencional representa la aparición de una importante habilidad social, la cual debe ser conducida con acierto por los padres a fin de garantizar una socialización eficaz.

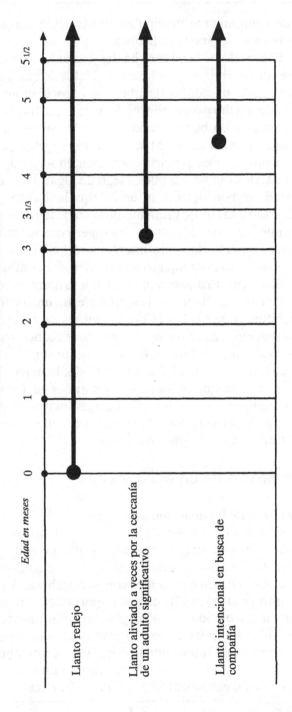

EVOLUCIÓN DEL LLANTO

Edad en meses

0   1   2   3   3 1/3   4   5   5 1/2

Llanto reflejo

Llanto aliviado a veces por la cercanía de un adulto significativo

Llanto intencional en busca de compañía

El aburrimiento que suele acompañar, en dosis crecientes, al periodo de los cinco y medio a los siete y medio meses se traduce comúnmente en el uso cada vez más continuo del llanto intencional, sobre todo en caso de responder a éste en forma consistente. Aunque comienza por ser un simple intento por conseguir algo, más adelante se convierte en una queja, pues sólo eso significan su insistencia, impaciencia e intolerancia. La razón de este cambio es que, a diferencia del llanto menos intenso, el caracterizado por su sonoridad suele ofrecer inmediatos resultados.

Un buen número de niños de siete y medio meses acostumbran quejarse más a menudo que otros de su misma edad. Se podría pensar que han comenzado a desarrollar una tendencia al capricho, cuando es probable que sufran alguna molestia física crónica incluso un cólico —ya no del todo común para esta época—, o bien los malestares propios de la dentición. No obstante, para entonces la mayoría de los padres son capaces de identificar las causas de la insatisfacción de sus hijos, sin embargo, la mayoría de los niños de siete meses que se quejan mucho no sufren de alguna dolencia física en particular.

Muchos otros niños de esta edad se quejan muy poco o nada, salvo en ocasiones excepcionales. Quejarse no se ha convertido para ellos en una más de las esenciales actividades de todos los días. Parecería entonces que su vida transcurre sin mayores contratiempos. Existen sólidas razones para esta marcada diferencia.

¿Qué puede fallar? Manténgase alerta

Todos los investigadores dedicados al estudio del desarrollo emocional coinciden en que los afectuosos y confortantes cuidados de los padres hacia sus hijos en los primeros meses de su existencia son de vital importancia para el establecimiento de sólidos fundamentos emocionales. Sin embargo, al concederle al bebé los cuidados requeridos para un inicio saludable de su crecimiento emocional, también se incurre en acciones que suelen ser la base de la complacencia excesiva. Del nacimiento a los cinco y medio meses, usted no tiene otra opción que la de atender a su bebé en forma minuciosa y permanente. La situación cambia en el periodo de los cinco y medio a los siete y medio meses, en la cual podrá seguir satisfaciendo las necesidades emocionales del bebé sin alentar el desarrollo de hábitos sociales indeseables.

Al inicio de este periodo, los padres cariñosos e inteligentes suelen hallarse atrapados en un problema difícil de advertir. A menos que el bebé esté enfermo, padeciendo las molestias de la aparición de los primeros dientes o sufriendo incomodidades debidas a cualquier otra causa física, al llegar a los seis meses es un muy atractivo y valioso miembro de la familia, con la ventaja adicional de que no suele causar mayores problemas. Los bebés de esta edad son en su mayoría muy hermosos y suelen mostrarse alegres ante la sola vista de sus padres, como seguramente ha sucedido en los últimos tres meses. Asimismo, su cuidado es muy sencillo, lo que para los padres representa noches más apacibles. Aun así, esta placidez es engañosa, porque la naturaleza prepara un nuevo ataque que hará cimbrar los cimientos (y los lechos) del hogar.

No olvide que los bebés de seis meses han desarrollado una notoria destreza visual. (El 99 por ciento de ellos tiene una vista completamente desarrollada). Además, son capaces de escucharlo todo, como usted; casi cualquier ruido llama su atención al instante y los hace volverse con rapidez hacia la fuente del sonido. El mundo despierta en ellos una curiosidad inmensa. Quisieran acercarse a todo lo que ven y oyen para estudiarlo con pasión, mas por lo pronto están únicamente capacitados para sentarse, mirar, escuchar, sonreír y dormir.

Tras haber observado a miles de bebés a lo largo de los primeros años de vida, he llegado a la conclusión de que entre los cinco y medio y los siete y medio meses surge y empieza a desarrollarse un aburrimiento crónico.

En nuestras labores de observación de bebés en los hogares, mis colaboradores y yo descubrimos que a partir de los cinco y medio meses se incrementa continuamente el uso del llanto en busca de compañía. En consecuencia, muchos padres se pasan buena parte de este periodo atendiendo al llamado de su bebé, cargándolo y arrullándolo, paseándolo o entreteniéndolo por cualquier otro medio, actividades sumamente placenteras si se les realiza de vez en cuando, pero agotadoras al rebasar cierto límite. Esta situación suele prolongarse al menos hasta los siete y medio meses de edad, momento en el que un nuevo avance (la capacidad de gatear) ofrece la oportunidad de una reforma terminante.

Entre los cinco y medio y los seis meses de edad, seguir haciendo lo que se impone "naturalmente" comienza a obrar en contra de los padres. ¿Pero qué más podría hacer usted con ese extraordinario bebé que ahora se mantiene despierto mucho más tiempo que en los meses anteriores? De nada le servirá leerle un libro, ni ponerlo a ver televisión. Cuando le da algún objeto, lo toma, lo mira, se lo lleva a la boca e invariablemente termina por tirarlo o por hastiarse de él. Mas ocurre también que ahora, aun si no tiene hambre o no necesita que se le cambie el pañal, llora mucho más que hasta hace unas cuantas semanas. Conforme va pasando el tiempo, lo único que parece gustarle es que se le cargue y mantenga en brazos.

Esta situación conduce por lo general a excesivos grados de llanto (llanto de queja, ciertamente) para cuando el bebé cumple los siete meses, pero, por fortuna, esto bien puede evitarse.

Labores correctas

Metas
El bebé de siete y medio meses de desarrollo óptimo es un niño o niña que recurre a ruidos de una u otra clase para atraer la atención de quienes le rodean pero que de ningún modo los usa como medio fundamental para mantenerse entretenido a lo largo del día.

Lo que usted debe proponerse es hacer de su bebé un ser capaz de distraerse en actividades interesantes para él, que le procuren dicha y felicidad y en consecuencia no le ofrezcan motivos de queja. De ser así, cualquier objeto que usted le haga llegar le interesará. Se mantendrá además muy activo, aunque aún no puede gatear. Practicará toda suerte de movimientos de flexión y erección mientras está sentado, si es que no los domina ya. Gozará toda nueva actividad que esté en condiciones de aprender (como lo explicaremos detalladamente más adelante). Cuando se halle sentado en una silla alta, le fascinará dejar caer objetos a diestra y siniestra. Seguirá mostrándose tan dichoso de vivir como comenzó a hacerlo alrededor del cuarto mes.

Qué hacer
Durante los primeros cinco y medio meses es imposible correr riesgos de educar mal a un bebé. El origen de la prevenible mala educación de los niños se encuentra en el periodo de los cinco y medio a los siete y medio meses, lapso durante el cual es conveniente estar al tanto de los detalles que van presentándose en el desarrollo social del bebé a fin de tomar las medidas necesarias para conducir este proceso con toda eficacia. Las dificultades de este periodo tienen su causa en la común situación cotidiana de los bebés de cinco meses y medio. Dado que su fortaleza física se ha desarrollado considerablemente, los bebés de esta edad pasan mucho tiempo sentados en sillines o cualquier otro artefacto similar, y corren por lo tanto el grave peligro de aburrirse en demasía. ¿El problema?: que simplemente no es mucho lo que en estas condiciones pueden hacer, a lo que viene a añadírsele la frustración de no poder explorar todas las maravillas que los rodean.

Si un bebé de cinco y medio meses no se interesara en todo lo que ve y escucha, este problema no existiría. Sin embargo, es un hecho que no sólo le interesa todo, sino que llama tan poderosamente su atención que querría ser capaz de apoderarse de ello para examinarlo a sus anchas. Tan es así que en cuanto tiene la capacidad de desplazarse físicamente y comienza a gatear (en torno de los siete y medio meses de edad), su afán exploratorio se vuelca en un ir y venir incansable. No obstante, este deseo puede ser oportunamente detectado desde los cinco meses y medio, para lo cual basta con seguir las siguientes recomendaciones:

La clave: Saber qué le interesa al bebé y crearle el ambiente adecuado
La clave para ayudar a su hijo a desarrollarse socialmente en forma correcta consiste sencillamente en comprender qué es lo que les gusta hacer a los niños en cada etapa. Si usted es

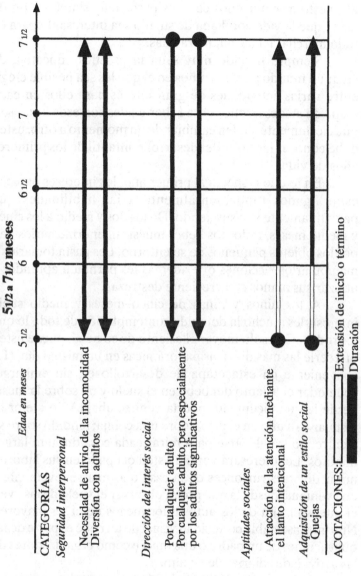

DESARROLLO INTERPERSONAL
5 1/2 a 7 1/2 meses

Edad en meses

| | 5 1/2 | 6 | 6 1/2 | 7 | 7 1/2 |

CATEGORÍAS

Seguridad interpersonal

Necesidad de alivio de la incomodidad
Diversión con adultos

Dirección del interés social

Por cualquier adulto
Por cualquier adulto, pero especialmente
por los adultos significativos

Aptitudes sociales

Atracción de la atención mediante
el llanto intencional

Adquisición de un estilo social
Quejas

ACOTACIONES: ☐ Extensión de inicio o término
■ Duración

capaz de entender tales intereses (lo cual no es difícil) y está dispuesto a seguir unos cuantos pasos muy simples a fin de hacer que la vida cotidiana de su hijo sea interesante para él, todo marchará a las mil maravillas.

Siempre ha sido muy sana la práctica educativa de crear un mundo para los niños en el que les sea posible elegir entre varias actividades de gran interés para ellos en cada etapa de su desarrollo. Para saber cuáles son esos intereses, que ciertamente suelen cambiar de un momento a otro, usted debe conocer las fases del desarrollo infantil de los primeros años de vida.

En lo que respecta al primer año, los intereses parecen estar ligados fundamentalmente a las habilidades que paulatinamente van surgiendo. De los dos y medio a los cinco y medio meses, todos los bebés muestran enorme curiosidad por los objetos pequeños de su entorno. Les gusta tomarlos y manipularlos, acciones que además les permiten aprender a utilizar sus manos con creciente destreza.

A los niños y niñas de cinco meses y medio suele interesarles mucho la detenida contemplación de todo lo que los rodea. Con sólo mover el asiento de su bebé, puede usted ofrecerle las más diversas panorámicas en un mismo día. (Lo conveniente en esta etapa de desarrollo es, sin embargo, acomodar el asiento del bebé en el suelo y no sobre la mesa, desde la que fácilmente podría venirse abajo.) Lo mejor es instalar a su hijo en el piso, sobre una cobija; tendido sobre su vientre, podrá elevarse para mirar cada cosa durante largos minutos. Le interesará verlo a usted ocupado en sus labores, mirar diversos rinconces de la casa o asomarse levemente a una ventana, desde la que podrá observar el vuelo de las aves, el intenso trajín de los autos o los juegos de niños mayores. Nutrir la insaciable curiosidad visual de un bebé es parte de las obligaciones de un padre o una madre como organizadores de las actividades diarias de su hijo.

El desarrollo de las habilidades manuales y visuales posee gran significado para los niños y niñas de entre los dos y medio meses hasta los dos años. Si a partir del momento en que son capaces de tomar diestramente entre sus manos innumerables objetos usted les proporciona una gran variedad de cosas que puedan tocar y chupar sin riesgo, así como golpear, arrastrar y tirar, estará ofreciéndoles lo que más necesitan y les interesa en esta etapa de desarrollo. Insisto en que, además de manuables, estos objetos sean chupables dado que para esta época el ansia de succionarlo todo sigue siendo muy intensa. Si a su bebé están comenzándole a salir los primeros dientes, gustará de llevarse a la boca cuanto pequeño objeto esté a su disposición, de manera que es recomendable que éstos sean de plástico duro, como arillos o rondanas plásticas.

El suelo ofrece además muchas otras ventajas sobre la cuna, la que para estas fechas significa un riesgo en vista de la capacidad de impulso del bebé para sentarse. Permítale jugar sobre el piso varias veces al día. En ocasiones, sin embargo, convendrá no colocarlo simplemente sobre una cobija, sino instalarlo en su sillita frente a un objeto o juguete de su interés, fijo en alguna parte, a fin de que esté siempre a su alcance y no se le caiga mientras se divierte con él.

Los bebés de cinco y medio meses son extremadamente sociables, de modo que usted tendrá abudantes oportunidades de divertirse a su lado. Tome en cuenta que cada vez que usted inicia un intercambio social con un bebé de cinco meses y medio, está eliminando naturalmente, por una ocasión al menos, la necesidad del niño de recurrir al llanto para que se le ponga atención. Por lo tanto, esfuércese en especial durante el periodo de los cinco y medio a los siete y medio meses por mantener con su bebé el mayor contacto posible. No olvide que la meta social más importante de esta etapa es limitar el desarrollo excesivo de exigencias de atención.

Obtenga provecho del gozo que suele causarles a los bebés de esta edad el desarrollo de sus poderosos músculos de las piernas. Una de las actividades más agradables para ellos entre los cuatro y medio y los nueve meses es la de brincar sobre un asiento apoyado en un enorme resorte (producto que existe en Estados Unidos bajo el nombre de Jolly Jumper y cuyo éxito entre los bebés ha sido notable: les divierte mucho).

A esta edad, los bebés se encuentran en pleno desarrollo de los músculos de sus piernas, sobre las que habrán de apoyarse cuando, alrededor del décimo o decimoprimer mes, consigan sostenerse en pie. Esta necesidad de piernas fuertes se manifiesta desde las primeras semanas de vida en la tendencia de los bebés a estirarlas en rápidos movimientos cuando sienten alguna presión en las plantas de los pies, conducta conocida justamente como reflejo de extensión. Cuando los bebés se hallan entre los dos y tres meses de edad, los nuevos padres descubren que cuando los cargan y se sientan con ellos, no tardan en desear sostenerse parcialmente sobre sus piernas gracias al apoyo encontrado en los muslos del adulto. Tan pronto como su bebé disponga de experiencias que desencadenen esta conducta, encontrará una nueva fuente de diversión, muy fácil de procurar. Sería ideal que los padres le permitieran a su bebé brincotear sobre sus muslos todos los días, pero quizá esto sea demasiado pedir.

Otro de los motivos del gusto de los bebés de esta edad por los juguetes que les permiten brincar es la reacción de sus padres. Si usted adapta el artefacto de tal manera que el bebé pueda colocar sus pies desnudos sobre el piso o cualquier otra superficie firme a fin de apoyar su peso ligeramente sobre ella, lo más probable es que comience a saltar de inmediato. Al principio lo hará simplemente porque lo hace sentirse bien; pero cuando se dé cuenta de que a usted también le gusta y lo celebra, disfrutará aún más de esta actividad. Esta situación brinda por tanto mutuas satisfacciones. Cuando su bebé se haya convertido en un experto saltarín, siga su compás con un tambor o cualquier otro instrumento de percusión, o póngale música de este tipo; se divertirá mucho más y armonizará sus saltos con el ritmo de la melodía.

Es importante subrayar los efectos de su entusiasmo en el comportamiento de su bebé. A partir de esta etapa y a lo largo de los primeros dos años, sus reacciones a las conductas de su bebé serán uno de los principales factores en la conformación de su comportamiento y el factor esencial, en la definición de su estilo social, lo cual es en consecuencia mucho más importante.

Otro de los artefactos que suele encantarles a los bebés durante este periodo, debido sin duda a la actividad que les permite realizar con las piernas, es la andadera. No obstante, muchos médicos se oponen tajantemente a su uso, a causa de que los accidentes de bebés en andadera se han incrementado en exceso: hubo 28 mil en Estados Unidos en 1991. El riesgo existe, por supuesto; pero si se toman las precauciones indispensables y se evita comenzar a utilizarla en una edad impropia, no tiene por qué ocurrir, en cambio puede ofrecer grandes beneficios para el desarrollo social del bebé. Mi recomendación es que se le use sólo en ciertas condiciones y durante un periodo limitado (alrededor de trece semanas).

Lo mismo que los juguetes para saltar, las andaderas no deben utilizarse antes de que el bebé tenga entre cuatro y cuatro y medio meses. Los niños menores de esta edad carecen aún de la fuerza necesaria tanto en los músculos de la espalda como en los del cuello para sostenerse cómodamente en posición erecta. De ahí que tales adminículos no deban usarse hasta que el control de la cabeza sea firme y el torso del bebé se haya fortalecido, lo cual suele suceder entre los cuatro y medio y los cinco meses.

El juguete para saltar y la andadera pueden utilizarse hasta cuatro veces al día en periodos de alrededor de quince minutos, tiempo que yo recomiendo y que impedirá el aburrimiento del bebé. En el caso del juguete saltador, la diversión puede ser inmensa. Consultados al respecto, los ortopedistas han asegurado que siempre y cuando la condición física del bebé sea la normal, este aparato no implica ningún riesgo.

La andadera es todavía mejor. No sólo estimula la actividad de los músculos mayores de las piernas, además le ofrece al bebé magníficas oportunidades de recorrer su medio. Es evidente que esta actividad sí supone riesgos, por ello no debe permitir que su bebé juegue en una andadera a menos que usted se *halle presente para vigilarlo en todo momento*. Si procede así, su bebé jamás se verá en riesgo de caer por las escaleras, por ejemplo, e indirectamente le mostrará lo que debe hacer para tener como hogar un sitio absolutamente seguro para él, pues sin duda se topará con objetos no notados por usted pero que para él pueden representar un peligro: un cordón colgante, una planta mal colocada o que cuelga del techo hasta hallarse al alcance del niño, etcétera.

Cuando haga uso del juguete para saltar o de la andadera, debe verificar que la distancia entre el trasero del bebé y el suelo sea la indicada, así como permitir al niño andar descalzo.[1] La distancia correcta se comprueba observando que el bebé no se apoye únicamente sobre las puntas de los pies ni flexione excesivamente las piernas. Su posición debe ser semejante a la de un esquiador, con ambos pies firmemente colocados sobre el suelo y las rodillas levemente flexionadas.

Es común que las andaderas estén equipadas con una tablilla frontal en la que pueden colocarse un buen número de pequeños objetos, a fin de que el bebé se mantenga ocupado. Sin embargo, su mayor atractivo es la posibilidad que ofrece a los bebés de desplazarse libremente en todas direcciones y hacia los puntos y objetos más tentadores. En consecuencia, por más interesantes que puedan ser los objetos colocados sobre la tablilla, perderán significado ante el ansia por explorar el mundo circundante, de manera que sólo le impedirán ver. La tablilla puede desprenderse fácilmente; le recomiendo que la quite.

Suele ocurrir que cuando se instala por primera vez a un bebé en una andadera, se mantenga tranquilamente sentado. Muy pocos son los que rápidamente impulsan las piernas contra el suelo y empiezan a moverse, regularmente hacia atrás; les lleva varios días adquirir la habilidad de desplazarse hacia los lados, y un par de semanas aprender a movilizarse hacia el frente. A partir de ese instante, no habrá poder humano que los detenga. El uso diario de la andadera les representa un creciente placer. Por lo demás, preferirán deslizarse sobre superficies planas y firmes, se trate de pisos de loseta o madera; las alfombras demasiado afelpadas no son útiles para este propósito, y los accesos elevados a una u otra habitación también representan un problema. Sin embargo, conforme se haga más grande, fuerte y habilidoso, un bebé resuelto a divertirse en una andadera difícilmente hallará obstáculo.

Importante: Cabe insistir en la necesidad de que usted esté presente y atento cada vez que su bebé haga uso de la andadera. Pero cuando éste adquiera la habilidad de desplazarse (gateando o hasta rodando), simplemente deshágase de ella. Ya no habrá motivo de seguir utilizándola.

Además de su vigilancia, se requiere de cierto control sobre el tiempo de uso tanto de la andadera como del juguete saltador; no es conveniente utilizarla por más de una hora al día, porque los bebés de esta edad necesitan pasar mucho tiempo en el suelo (es decir, sobre una superficie plana) a fin de ir adquiriendo dominio sobre su cuerpo. Los bebés de cinco meses y medio, por ejemplo, realizan continuas prácticas de movimientos hacia los lados, y muy pronto empiezan a practicar el impulso hacia adelante para sentarse. El dominio de estas habilidades supone mucha práctica.

No olvide, asimismo, que un bebé que aún no aprende a gatear corre más riesgos en una andadera que cuando se le coloca en el suelo sobre una cobija. En tales condiciones, no basta con observarlo atentamente; también es necesario que usted haga una cuidadosa revisión de su casa para verificar que nada pueda representar un peligro para su hijo o hija. Hallándose en una andadera, un bebé puede fácilmente machucarse los dedos en una puerta o jalar el cable de una plancha. Si usted no se mantiene cerca de él cuando ya es capaz de desplazarse velozmente en la andadera, corre el riesgo de accidentarse (ya sea lanzándose contra una puerta batiente o lastimándose los dedos en un cajón, por ejemplo) antes de que usted pueda reaccionar.

Quizá todas estas observaciones le hagan desistir del uso de la andadera. No obstante, si se siguen estas recomendaciones, los resultados pueden ser fabulosos. Jamás se arrepentirá, con las precauciones indicadas, de ofrecerle a su bebé esta magnífica oportunidad de diversión.

Cómo manejar el sueño

En caso de que su bebé no sufra una dentición dolorosa, no padezca problemas en el oído medio ni esté impedido por cualquier otro malestar físico, lo más probable es que para esta edad haya adoptado un patrón de sueño sencillo y regular. De cualquier forma, los problemas que más adelante pueden aparecer en este sentido suelen originarse en esta época, de modo que resulta deseable aplicar ciertas prácticas preventivas.

Para comenzar, pretender acostumbrar a un bebé a dormir una siesta o a dormirlo a una hora determinada por la noche puede causarle a usted significativos problemas. En lo que se refiere al sueño, es mejor dejarse guiar por los signos naturales que por el reloj. Los bebés de cinco meses y medio no tienden a ocultar su sueño. Al contrario, bostezan con generosidad, agitan las pestañas, abren y cierran los ojos y se ponen muy irritables. He aquí lo que le aconsejo hacer: ponga atención en los signos de sueño cuando un bebé de esta edad lleve despierto alrededor de tres horas, pero no incurra en el error de, una vez transcurrido este lapso, cargarlo de inmediato y trasladarlo a su cuna; aguarde hasta la aparición de señas de fatiga, las que suelen tener lugar en un plazo no mayor de quince minutos. Entre mayor sea su paciencia, menos problemas de sueño tendrá con su bebé.

Una vez advertidas las señas de fatiga y acomodado el bebé en su cuna, no se acerque a él ni lo cargue si comienza a llorar. Salga de la habitación. Cierre la puerta. Tome nota de la hora. Deje pasar cinco minutos. Es muy posible que se quede dormido en este lapso. Sí: muy posible, pero no seguro. En estos primeros meses pueden intervenir factores de dos tipos. El bebé puede sentirse molesto a causa de un malestar físico —un dolor de oído o de encías, por ejemplo— o emitir alarmas falsas. Si su bebé no está enfermo y pasados los cinco minutos sigue llorando, le sugiero que lo saque de la cuna, le dé algo para entretenerse... y vuelva a tener paciencia, en espera de signos de necesidad de dormirse, los que sin duda no tardarán en aparecer. Cuando esto ocurra, repita el procedimiento.

En caso de enfermedad, esta rutina no es obviamente la más adecuada. Deberá hacer todo a su alcance para procurar que el bebé se sienta lo más cómodo posible. No olvide, sin embargo, que en ocasiones nada dará resultado y por lo tanto no le quedará otro remedio que dejarlo llorar. No suele suceder.

Existen muchas otras rutinas de siesta y sueño de uso común entre ciertos padres y madres. Las madres que amamantan a su bebé suelen ofrecerle el pecho con la esperanza de que se duerma mientras come. Otras los arrullan en brazos. Otras más ponen música o recurren (un tanto prematuramente) a los cuentos. Con base en nuestras observaciones de la vida familiar puedo afirmar que, más que facilitar las cosas, estas rutinas tienden a complicarlas. Si a un niño se le acostumbra a ellas en esta etapa de su desarrollo, es probable que después siga exigiéndolas, y que el proceso de dormir al bebé se vuelva cada vez más lento.

Hacia el final del segundo año de vida, los niños poseen la madurez para gustar de los cuentos antes de dormir. A partir de esta edad, tal experiencia suele ser fascinante, además de útil. Pero entre los cinco y medio y los siete y medio meses, lo mejor es simplificar la situación del sueño. Cuando su bebé tenga sueño se dormirá, tanto así que en estas condiciones le será imposible mantenerlo despierto.

A partir de este momento de la vida de su bebé y hasta cumplidos los dos años, el sueño será una circunstancia clásica de problemas de socialización. Más de un niño de dieciocho meses con quien se han tenido demasiadas contemplaciones suele hacer de la hora de dormir una auténtica ocasión de horror para sus padres, quienes muy pronto estarían fácilmente dispuestos a rendirse. Algunos nos han dicho que simplemente no pueden más con este asunto. Mi esposa les recomienda por lo general que cuando su hijo pretenda escapar de la cuna a las tres de la mañana, le canten esta canción, con un ritmo alegre: "La noche es para la cama, la cama es para dormir; buenas noches, angelito, descansa y duerme feliz."

Resumen

La mala educación de los niños echa sus raíces en el periodo que va de los cinco y medio a los siete y medio meses. Su causa es la muy común posibilidad de que el bebé se aburra y se sienta insatisfecho, fenómeno que puede comenzar a manifestarse desde la edad de cinco meses, cuando es capaz de mantenerse sentado (con ayuda), y prolongarse hasta haber adquirido la capacidad de gatear. El único medio de que disponen los bebés para combatir el aburrimiento y la frustración es su nueva herramienta social, el llanto, el cual les permite llamar a un adulto. Si, conforme transcurren los días los bebés no encuentran nada interesante que hacer, comenzarán a excederse poco a poco en el uso de su llanto.

La clave para impedir el desmedido desarrollo de este tipo de llanto es ofrecerle objetos interesantes con los cuales entretenerse. Identificar su interés es muy sencillo, pues basta percatarse con qué disfruta y qué es capaz de hacer. Si usted fomenta los intereses visuales y manuales/visuales de su bebé, su gusto de socializar con usted y su disfrute tanto de vigorosos ejercicios con las piernas como de sus crecientes exploraciones, y junto con ello satisface también su necesidad de chupar objetos sólidos, la etapa de los cinco y medio a los siete y medio meses será para él una verdadera delicia. No tendrá que traerlo en brazos con frecuencia (práctica que puede llegar a ser agotadora a medida que el bebé sube de peso), pues la mayor parte del tiempo la ocupará en sus propias, muy entretenidas actividades.

Vale la pena hacer un esfuerzo especial en el periodo de los cinco y medio a los siete y medio meses por asistir al bebé antes de que llore con el fin de llamar su atención para que juegue con él. Si procede usted de esta manera, le impedirá el uso exagerado del llanto en busca de compañía. Entre más habitual sea esta conducta en usted, menos probabilidades habrá de que su bebé le exija cada vez más atención.

No obstante, se emancipará muy pronto. En cuanto adquiera la habilidad de desplazarse por sí solo, el aburrimiento dejará de ser un problema, salvo que usted pretenda impedirle o restringir sus actividades. Esto no quiere decir que vayan a desaparecer todos los motivos de preocupación, sino simplemente que cambiarán de signo, aunque todos serán factibles de solución.

Signos del inicio de una nueva etapa: La aparición de la habilidad de desplazamiento voluntario

Alrededor de los siete y medio meses de edad se ponen en marcha muchos nuevos avances. El más notorio es la habilidad del bebé de moverse por sí solo. El resultado es un cambio radical en la vida diaria (siempre y cuando los adultos le permitan realizar sus exploraciones y no lo o la confinen a un corralito).

La habilidad de gatear es el adelanto más obvio, pero los cambios que comienzan a ocurrir en el ámbito de lo social son aún más emocionantes y numerosos. En el siguiente capítulo me referiré al surgimiento de habilidades sociales muy importantes y a los detalles de tres decisivas lecciones sociales que los bebés aprenden en el periodo de los siete y medio a los catorce meses de vida.

Notas:
[1]Le recomiendo que durante los dos primeros años de vida, su bebé permanezca descalzo en casa. Esto no sólo le permitirá divertirse más en el juguete para saltar o en la andadera, sino además lo librará de obstáculos innecesarios, lo cual es sin duda más importante. Los zapatos, las sandalias y los calcetines, aun aquellos que pueden desprenderse fácilmente, no hacen sino dificultarles la ejecución de actividades físicas. Así como se preocupa usted por que su bebé no se resfríe ni padezca infecciones en los oídos a fin de que sus facultades auditivas se desarrollen sin traba durante los primeros años, debería ayudarlo a tener éxito en sus incontables intentos por dominar su cuerpo y disfrutar de él, para lo cual nada es más recomendable que los pies desnudos. Evidentemente que usted no querrá que a su bebé le dé frío en los pies, sobre todo cuando el clima sea frío, pero consulte a su pediatra si tal posibilidad le inquieta. Mi recomendación jamás se ha topado con la oposición médica.

CAPÍTULO 3

DE LOS SIETE Y MEDIO A LOS CATORCE MESES

"No querrás que vaya solo, ¿verdad?"

Incrédula respuesta del padre de gemelos de diez meses de edad cuando su esposa le pidió que fuera a su recámara a cambiarles los pañales.

Desarrollo social normal

Lo que ocurre en la vida de un niño entre los siete y medio y los veinticuatro meses de edad es de decisiva importancia para su formación como persona. Si su hijo llega a los dos años con extrema simpatía, una profunda sensación de seguridad y amplia y eficaz experiencia en sus intercambios sociales tanto con la familia como con los demás adultos, alcanzará los tres años con cualidades sociales aún más desarrolladas. Me atrevería a decir que no sólo los tres años; la primera década de su vida, e incluso después, se verá marcada por grandes aciertos en este terreno, afirmación que sin embargo me es imposible sustentar científicamente. Hasta ahora no se ha realizado la investigación que podría aprobar o desaprobar este juicio. Sin embargo, estoy convencido de su validez, como resultado de mis observaciones de toda la vida.

Naturaleza contra educación

Muchos de los estudiosos del desarrollo humano han destacado las cualidades innatas de los bebés y su contribución al desenvolvimiento de su personalidad. No puedo negar la importancia de factores como el grado de energía y actividad, la agilidad y el impulso instintivo a gatear y caminar, cualidades que los niños poseen por naturaleza y que son prácticamente imposibles de modificar. Sin embargo, la impaciencia de un niño ante las restricciones o su disposición ya sea a la cortesía, la malicia, el egoísmo o el afecto, que no son mas que características básicas del estilo social de la mayoría de los niños de tres años de edad, me parecen también muy importantes en cuanto que son determinadas por los adultos durante el periodo formativo entre los siete y medio y los veinticuatro meses de edad. Es por este motivo que no puedo coincidir con quienes sostienen que los niños "difíciles" son como son porque se hallaban genéticamente destinados a convertirse en insoportables infantes de dos y medio años. Falso; aun cuando tampoco existen investigaciones científicas que comprueben la veracidad de ese criterio.

El desarrollo del interés en los demás

Ansiedad de extrañeza
De los siete y medio a los catorce meses de edad se intensifica el distanciamiento respecto de personas desconocidas surgido en las semanas anteriores. Con esta actitud, el bebé parecería transmitir el siguiente mensaje: "Necesito a mi lado a las personas significativas para mí, sobre todo cuando no estoy en casa. En cuanto a los demás, simplemente no sé a qué atenerme; quizá no sean amigos. Voy a comprobarlo antes de mostrarme amable con ellos."

Durante este periodo, la vida social de su bebé girará fundamentalmente en torno de las personas con quienes convive todos los días. A partir de este momento, acumulará pacientemente conocimientos sobre las reacciones que usted tiene cuando le da de comer, le cambia el pañal, lo baña o realiza cualquier actividad que implique un contacto social entre ustedes. Indudablemente que su bebé perseguirá la satisfacción de su curiosidad y el dominio sobre su cuerpo, pero estos intereses no serán más importantes para él que las lecciones sociales aprendidas durante su interacción con las personas más significativas en su vida.

En esta etapa, la amistad con niños de su edad no les interesará más que las ardillas o los pájaros, afirmación que también se aplica a bebés de menor edad. Es probable que a un infante de diez meses le interesen fugazmente niños menores, pero no para mantener viva su curiosidad por mucho tiempo.

Ansiedad de separación

En este periodo surge lo que se conoce como ansiedad de separación, estrechamente ligada a la ansiedad de extrañeza propia de esta etapa. El signo más común de esta nueva fase es el llanto de un bebé de nueve, diez u once meses cuando su madre abandona su habitación. Una de las expresiones más intensas de la ansiedad de separación suele presentarse cuando, con la intención de que su partida sea menos dolorosa, la madre pone al bebé en brazos de su padre; a menudo sólo consigue provocarle un amargo y prolongado llanto. La infelicidad del hijo ante la sola idea del abandono de la madre suele herir, por lo demás, los sentimientos del padre. A pesar de todo, sólo queda prepararse para la aparición de esta conducta con el fin de estar en condiciones de tolerarla. En investigaciones sobre este tema ha quedado demostrado que los bebés de esta edad criados en orfelinatos, y por lo tanto sin una persona en particular que se ocupe de ellos por periodos prolongados, suelen permitir que cualquiera los cargue, sin quejarse cuando los abandona. En estos bebés no se ha desarrollado apego alguno por un individuo, lo que puede tener serias consecuencias en su vida adulta. En consecuencia, en lugar de sentirse lastimados, los padres deben ver en la preferencia de su hijo por la madre un signo saludable. Claro que si son ellos quienes están directamente a cargo del bebé, éste se prenderá de ellos cuando pretenda dejarlo en manos de la madre.

La ansiedad de separación suele ser más intensa en los últimos meses del primer año de vida, y puede persistir durante varios meses del segundo año. Tal como suele ocurrir en tantos otros aspectos del desarrollo humano, si este comportamiento se prolonga en exceso puede poner en riesgo el desarrollo ideal del pequeño.

Rivalidad entre hermanos
Ignorar la influencia de la rivalidad entre hermanos sobre la evolución del desarrollo social sería insensato. Es justamente durante el periodo de los siete y medio a los catorce meses cuando el bebé se convierte en un sujeto dotado de movilidad propia, de manera que si en casa hay un hermano o hermana ligeramente mayor —y sobre todo un primogénito menos de tres años mayor que el bebé—, dé usted por supuesto que la rivalidad entre los hermanos aparecerá de un momento a otro. Me he ocupado ya detenidamente de este tema en mi libro *The First Three Years of Life*,[1] pero si lo comento aquí es porque el estrecho espaciamiento entre los hijos tiene poderosos efectos en el curso del interés por las demás personas del bebé de entre siete y medio y catorce meses. La dirección del interés social de un primogénito de esta edad suele seguir un solo camino: sus padres. Un hermano cercanamente menor no puede, sin embargo, darse este lujo.

Los normales y cada vez más frecuentes episodios de celos y agresiones iniciados a partir de esta edad por el hijo mayor desempeñan naturalmente un papel de gran importancia en el proceso de socialización. En estas condiciones, el hermano menor aprende cosas acerca de la hostilidad y de la manera en que puede protegerse de ella que ordinariamente los primogénitos desconocen. Ignoramos cuáles sean las consecuencias de este temprano aprendizaje, pero los padres deben estar conscientes de lo inevitable de tales episodios y de la necesidad de su intervención para reducir al mínimo sus negativos efectos.

El bebé con un hermano ligeramente mayor no concentra todo su aprendizaje social en los adultos más significativos en su vida, pues se ve obligado a aprender también de su hermano. No obstante, las lecciones sociales aprendidas de un hermano mayor no son tan importantes como las recibidas de los padres, a pesar de esto el bebé pondrá mucha atención cuando se trate de su defensa personal. Esta conciencia queda de manifiesto cuando, por ejemplo, un bebé de un año de edad se espanta y rompe a llorar tan pronto como su hermano mayor aparece en escena.

Con todo, las lecciones de autodefensa no son las únicas que el bebé aprenderá de su hermano mayor, pues entre ellos se darán también momentos de amoroso intercambio, no tan numerosos, sin embargo, como los episodios de celos.

El desarrollo de habilidades sociales especiales

En el periodo de los siete y medio a los catorce meses de edad surgen las siguientes importantes habilidades sociales.

Los bebés comienzan a apoyarse en un adulto cuando se dan cuenta de que no pueden hacer algo por sí mismos.

Comienzan asimismo a expresar sus sentimientos, tanto de afecto como de disgusto, a cada adulto.

Empiezan a mostrar orgullo por sus logros.

Finalmente, también comienzan a inventar juegos imaginarios.

Junto con un estilo más eficaz para atraer la atención, estas cuatro habilidades son características que indican un desarrollo social particularmente bueno durante los primeros años de vida. Constituyen además una de las partes más importantes del comportamiento social de los niños de tres años óptimamente desarrollados.

Durante el breve periodo de los siete y medio a los catorce meses comienzan a surgir estos atributos. Estoy convencido de que el desarrollo o no de estas importantes conductas depende directamente de la manera en que los adultos reaccionen a ellas durante los primeros tres años de la vida de un infante. Me baso en esta personal convicción para exhortarlo a hacer todo cuanto esté a su alcance por que su bebé pase la mayor parte del tiempo en que está despierto al lado de usted, su cónyuge y sus abuelos hasta cumplidos al menos los tres años. Considero que, aunque seguramente habrá excepciones, estas seis personas son quienes más pueden influir en el correcto desarrollo de estas cualidades sociales.

El apoyo en un adulto
Cuando su bebé se halle entre los nueve y los once meses de edad, descubrirá en él este maravilloso signo de progreso en su desarrollo. Resultará evidente que no busca la simple atención

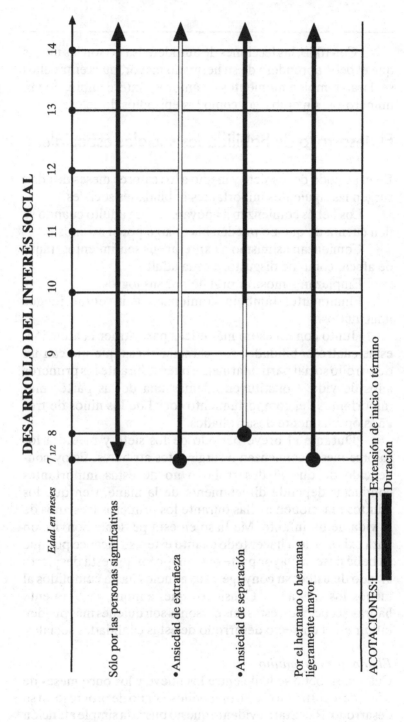

DESARROLLO DEL INTERÉS SOCIAL

Edad en meses

7 1/2   8   9   10   11   12   13   14

Sólo por las personas significativas

• Ansiedad de extrañeza

• Ansiedad de separación

Por el hermano o hermana
ligeramente mayor

ACOTACIONES: ☐ Extensión de inicio o término
■ Duración

(como en los primeros meses), sino la ayuda para alcanzar alguna meta, sea más jugo o más galletas. Dado que la habilidad de su bebé para servirse de palabras es todavía muy limitada, para expresar sus deseos utilizará gestos o sonidos.

Expresión de sentimientos, tanto positivos como negativos, a un adulto

En algún momento entre los nueve y medio y los once meses de edad, su bebé comenzará a besarlo o abrazarlo sin que usted se lo haya pedido. Por la misma edad, quizá unas semanas más tarde, expresará de su enojo en los momentos que así lo requieran. Aunque todos los bebés se enojan y encolerizan desde los primeros días de nacidos, la expresión de su enojo hacia otra persona no se manifiesta hasta los once meses aproximadamente. La diferencia es que cuando un bebé de cuatro meses se enoja, no suele ver a la otra persona a los ojos ni, por lo tanto, la expresión de su enojo es inmediatamente seguida por una conducta. En cambio, el niño de entre nueve y medio y once meses se enojará directamente con usted en caso de que pretenda obligarlo a hacer algo que él no desea (mantener levantadas las piernas para cambiarlo de pañal, por ejemplo) o impedirle hacer algo deseado (como jugar con el alimento del perro). Quizá al principio no esté tan seguro de que su hijo haya dirigido su enojo contra usted, pero no se preocupe: lo comprobará en un par de semanas.

Orgullo por lo logrado

La adquisición de habilidades como la de sentarse por sí solo, impulsarse para ponerse de pie, agacharse sin caerse, pasear de aquí para allá y caminar ocurre (en el 75 por ciento de los niños) entre los siete y medio y los doce meses de edad. Cada uno de estos trascendentales logros implica tanta práctica como esfuerzo, de manera que también cada éxito alcanzado ofrece a los adultos la oportunidad de dirigirle al bebé los más entusiastas elogios. Hacia los diez y medio u once meses, una vez que ha vivido un buen número de estas experiencias, el bebé entenderá el halago de los demás. En consecuencia, inmediatamente después de llevar a cabo un acto difícil o un tanto espectacular, su bebé de diez u once meses muy probablemente se volverá hacia usted y hará ostentación de una enorme sonrisa. Quizá incluso hasta se felicite de algún modo en reconocimiento por la hazaña apenas consumada. En algunas de mis apariciones en televisión he sido acompañado por familias con sus hijos de dos años. Cuando se hace el corte para los comerciales, los empleados del estudio indican al público que aplauda, acción también realizada por los niños de dos años presentes. Sin embargo, en cuanto oyen los aplausos, vuelven la cabeza hacia todas partes y se sonrojan, sumamente complacidos por el homenaje que se les brinda. Porque, en efecto, parecen convencidos de que la ovación está dedicada a ellos. ¿Qué motivo habrán dado para ello?

Invención de juegos imaginarios
Este tipo de conducta surge habitualmente poco después de cumplido el primer año y antes de los catorce meses. Su primera manifestación suele ser jugar "al teléfono" e inventar animadas conversaciones. (A casi todos los niños les encantan los teléfonos de verdad, no los de juguete.) Poco más tarde, descubrirá a su hijo imitando las labores domésticas que le ha visto realizar a usted. La imitación empieza a ser un factor importante en el comportamiento durante los últimos meses del primer año. La tendencia a imitar la conducta de los adultos y a reproducir sus palabras se vuelve muy intensa durante el segundo año.

El desarrollo de un estilo social

Tres importantes lecciones sociales
Durante el periodo de los siete a los catorce meses, todos los niños se enfrentan a tres importantes lecciones sociales: el aprendizaje de los efectos del llanto de diferentes grados; la adquisición de buenos y malos hábitos, y el aprendizaje de la insistencia en hacer su voluntad.

Aprendizaje acerca de los efectos del llanto de diferentes grados.
Entre los siete y medio y los once y medio meses, la mayoría de los niños pasan por una secuencia básica de adelantos sobre el

control de su cuerpo. Me refiero fundamentalmente a las habilidades de los músculos mayores, no a la habilidad manual/ visual, que sin embargo también mejora notablemente durante este periodo. Por lo general, los bebés de siete meses y medio dominan dos importantes habilidades musculares.[2]

Pueden sentarse por sí solos. Siendo, como es, una habilidad de gran trascendencia, su significación queda opacada por el otro avance motriz de aproximadamente la misma época: la habilidad de desplazamiento voluntario. Una vez alcanzada esta última habilidad, la vida no sólo del bebé, sino también de la familia entera, cambia rotundamente. Andar a gatas es la forma inicial común de locomoción, pero hay niños que se deslizan por el suelo, mientras que otros utilizan su recién descubierta habilidad de girar ¡para rodar de un sitio a otro! Así de intensa es la urgencia de los bebés de siete meses y medio por explorar el territorio.

A los siete y medio meses, el 75 por ciento de los bebés son capaces de recorrer a gatas su habitación. Al igual que un gatito o un perrito en sus primeros movimientos, analizan todo aquello a lo que pueden acercarse, si se les presenta la oportunidad. Parecerían consumidos por la curiosidad. Las conductas instintivas de los seres humanos para enfrentar su medio ambiente son por supuesto de menor número que las de los animales, pero su capacidad de aprender es mucho mayor. En ello estriba que desde tiempos inmemoriales la curiosidad de los bebés sea considerada como una cualidad de singular importancia.

Hacia los nueve meses de edad suele aparecer la primera habilidad trepadora, la cual consiste principalmente en ascender alturas de un máximo de 25 centímetros, lo suficiente para subir escaleras, destreza que lamentablemente no aparece asociada con la de bajarlas. Usted puede enseñarle a su bebé a lo largo de los dos meses siguientes a bajar escaleras apoyándose sobre el vientre. Para tal efecto le será de utilidad una cama o sofá de escasa altura; muéstrele cómo dar vuelta de forma que sus pies queden frente al borde de la cama, una vez hecho lo cual puede deslizarse suavemente hasta el suelo. Con un poco de ayuda, al bebé le será sencillo trasladar esta acción a las escaleras.

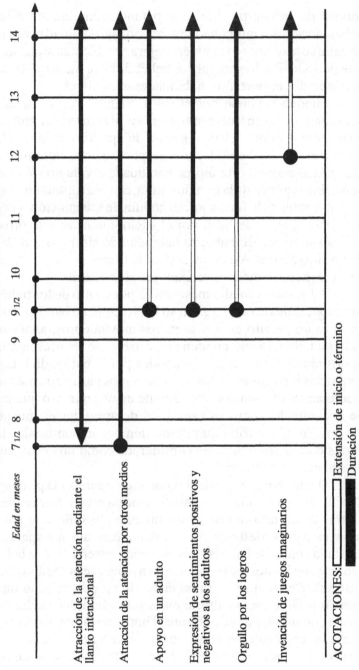

DESARROLLO DE APTITUDES SOCIALES

Edad en meses

7 1/2   8   9   9 1/2   10   11   12   13   14

Atracción de la atención mediante el llanto intencional

Atracción de la atención por otros medios

Apoyo en un adulto

Expresión de sentimientos positivos y negativos a los adultos

Orgullo por los logros

Invención de juegos imaginarios

ACOTACIONES: Extensión de inicio o término
Duración

La siguiente facultad surge alrededor de los diez o diez y medio meses: se trata de la habilidad para impulsarse y ponerse de pie apoyándose en algún soporte, por lo general un mueble, pero también puede ser la pierna de una persona o una lámpara de piso. Esta habilidad suele plantearle al bebé, casi de inmediato, un pequeño problema: el de sentarse de nuevo en el piso sin hacerse daño. Sus prácticas comienzan casi en el mismo momento en que se percata de este detalle, de manera que no le lleva mucho tiempo (no más de una semana) realizar esta operación sin riesgo alguno.

Los gemelos Ben y Sam comenzaron por igual a impulsarse para ponerse de pie alrededor de los once meses de edad. Sus padres se deshacían en amorosas atenciones hacia ellos, al grado de excederse, debido quizá al nacimiento prematuro de los niños. En cuanto lograron su cometido, gustaban mucho de repetir el procedimiento, pero no se les ocurrió que también debían aprender a agacharse para volver al suelo. Así, cada vez que se ponían de pie, lloraban para pedir ayuda y regresar a su posición original. No obstante, continuaron con sus esfuerzos para erguirse, de modo que en poco tiempo eran capaces de pararse sobre unas pequeñas mesas.

Su madre era una mujer muy simpática, inteligente y culta, pero no sabía qué hacer para controlar a sus hijos. Se pasaba el día entero corriendo de uno a otro. Mientras tanto, los niños empezaron a adquirir el hábito de llorar con insistencia como forma de pedir ayuda.

Cuando me puse al tanto de la situación, francamente me sorprendió, por inusual. Es común que los bebés aprendan solos a descender desde una posición erecta pocos días después de ser capaces de ponerse de pie. Le expliqué a la madre cómo podía enseñarles a agacharse, procedimiento prácticamente idéntico al descenso de las escaleras. Si les enseñaba a flexionar las piernas y bajar un brazo hasta el suelo, aprenderían a realizar este movimiento en un par de días. Le hice notar, finalmente, que tarde o temprano los bebés debían aprender a agacharse, y convenía empezar lo más pronto posible, lo cual por supuesto le pareció sumamente lógico. No así, por lo visto, a los niños; ¡les daba miedo! Su madre dejó de estar tan segura de que después de mostrarles cómo ejecutar el movimiento podría sentarse tranquilamente a observar cómo lo hacían, así como de que pudieran realizar la operación completa en unos cuantos días.

Ante tan extrañas dificultades, me ofrecí a ayudarle a dirigir el movimiento de uno de los niños, después de lo cual me retiré. No bien había amanecido, a la mañana siguiente sonó el teléfono: ¡era ella! Estaba tan agradecida como maravillada: ¡ambos muchachos dominaban la aparentemente imposible habilidad!

Los padres que por primera vez lo son suelen sentirse igualmente desconfiados de que enseñarle a su bebé a bajar escaleras pueda rendir frutos a corto plazo. He conocido a muchos padres de bebés de catorce meses que sencillamente no pueden creer que sus hijos sean capaces de aprender a bajar las escaleras apoyados sobre su vientre sin causarse daño. Lo increíble es en todo caso lo contrario, pues la gran mayoría de niños de un año de edad son capaces de aprender a descender escaleras.

Aproximadamente a los diez meses y medio, su experto bebé en la posición de pie comenzará sus "paseos", actividad que consiste en trasladarse de un lugar a otro apoyándose en una mesita o en los bordes de las sillas. Entre los once y los once y medio meses puede enseñarle a bajar escaleras sobre el vientre. También alrededor de esta edad la mayoría dan sus primeros pasos sin ayuda. Para entonces, su habilidad trepadora ha avanzado hasta tal punto que pueden subirse a los sillones (tanto a los asientos como a los brazos y respaldos) y a las sillas de la cocina.

Esta secuencia es habitualmente fija, aunque, por supuesto, la edad de cada logro varía mucho, tal como ocurre en muchos otros avances de los primeros años de vida. No se preocupe entonces si su bebé comienza a dar sus primeros pasos hasta la edad de dieciocho meses, pues este supuesto retraso en la habilidad para caminar no tiene consecuencia alguna en el desarrollo posterior.

Esta serie de importantes adelantos en el control del cuerpo es muy difícil para los niños. Su dominio requiere mucha práctica, con los consecuentes accidentes menores. Así por ejemplo, mientras aprende a sentarse solo, es posible que pierda el equilibrio y se venga abajo, sea de bruces o de espalda, en este último caso corre el riesgo de golpearse la nuca contra el suelo. Este golpe puede ser muy doloroso, pero su efecto será fugaz, no más de uno o dos minutos, aunque siempre caben las excepciones. Quizá el dolor se prolongue un par de minutos más, pero difícilmente será síntoma de daños de consideración.

En este periodo de cuatro meses no sólo se resentirá el equilibrio físico de su hijo, sino también el mental, pues su capacidad para corregir errores rápidamente disminuirá un poco. Puede ocurrir que mientras aprenda a impulsarse para ponerse de pie intente apoyarse en algo, no lo consiga y se golpee en la cabeza, o se machuque un dedo en un cajón o una puerta. En su etapa de experimentación motriz de los siete y medio a los once y medio meses, todos los bebés sufren con frecuencia accidentes menores, de manera que suelen lucir en la frente los trofeos de sus esmerados triunfos: moretones, chichones, golpes...

En ocasiones, su bebé puede caerse y llorar, más por la mezcla de sorpresa y miedo que por verdadero dolor. Si se ha lastimado, es probable que su llanto se prolongue, y usted hará todo lo posible por consolarlo. Cuando un bebé se machuca un dedo o se golpea la cabeza, el dolor deriva naturalmente en llanto, que despierta una reacción en la persona que lo cuida. Los estilos de respuesta de los adultos suelen ser de dos clases.

La primera corresponde al modelo de reaccionar de inmediato a todo llanto. Si todo indica que el llanto expresa algo más que una simple molestia, el adulto dejará en el instante lo que está haciendo, se acercará al bebé, lo cargará y tratará de aliviar su dolor por todos los medios posibles. Tal acción no suele llevar más de un par de minutos, y después el bebé es liberado nuevamente para continuar con sus exploraciones. Cuando el llanto no delata hechos de gravedad, el adulto de esta categoría reacciona de todas formas, aunque se abstiene de apresurarse y de cargar al bebé para consolarlo. En lugar de eso, simplemente le dice algo a la distancia con intención de tranquilizarlo y espera un momento para comprobar si se encuentra bien. Si el bebé sigue llorando, el adulto se acerca y trata de consolarlo y distraerlo. Si este remedio no funciona, finalmente lo carga y hace esfuerzos más decididos por conseguir su bienestar.

La segunda clase de respuesta consiste en abandonar de inmediato todo lo que se está haciendo ante cualquier clase de llanto del bebé con el propósito de estar a su lado lo más pronto posible para confortarlo. Como es de imaginar, este procedimiento se repite decenas de veces al día. Estos adultos suelen mostrarse muy nerviosos y ser sobreprotectores. Es fácil suponer que, para ellos, la educación de sus hijos es mucho menos disfrutable que para los padres con reacciones descritas anteriormente.

Estos dos estilos de paternidad/maternidad, ambos comunes, dan como resultado que los niños y niñas de un año de edad hagan usos diferentes de su llanto. Los padres que reaccionan rápidamente a todo llanto del bebé, lo cargan y consuelan, sin importarles comprobar si efectivamente hay dolor de por medio o no, sólo forman las bases para que al año de edad la vida del bebé sea un llorar permanente. Recurren al llanto en forma inmediata, de manera que lloran mucho más que la mayoría de los niños de su edad. Es evidente que en los cinco meses anteriores se les ha enseñado a comportarse así, de esta manera es lógico su hábito de quejarse muchas veces todos los días. Puedo asegurarle que esto no resulta divertido ni para ellos ni para sus padres. Por el contrario, los bebés cuyos padres reaccionan a incidentes menores con algún comentario verbal y ocasionalmente con un intento de distracción, aprenden a librar sin mayor problema sus dificultades carentes de importancia.

Adquisición de hábitos: Los buenos y los malos. Todos los niños sanos experimentan una curiosidad ascendente por el mundo que los rodea a lo largo de sus primeros siete y medio meses de vida. No obstante, a partir del momento en que son capaces de desplazarse, así sea apenas unos cuantos centímetros, su curiosidad se dispara. En esta etapa están dispuestos a emprender hasta las más osadas y fatigosas acciones con tal de allegarse todo lo que les interesa. En cuanto adquieren la capacidad de recorrer a gatas una habitación, muestran tanta curiosidad por todo como sólo un gatito lo haría. Un ejemplo particularmente notorio de ello sería el representado por las actividades que implican la combinación de las habilidades manuales y visuales.

A su bebé le bastarán los primeros seis meses de vida para aprender a manejar sus manos. Sin embargo, la adquisición de adicionales habilidades manuales/visuales le llevará mucho más tiempo, hasta cumplidos los dos años, y consumirá buena parte de su interés. Los niños de siete y medio a once meses de edad quedarán fascinados cada vez que enciendan la luz de una habitación a oscuras, jalen la cadena del inodoro o presionen el botón de encendido de un televisor o radio. En los meses previos a su primer aniversario desearán repetir infinitamente estas operaciones, para desgracia de los padres que cuidan mucho de su sofisticado televisor, tan complicado que el bebé de diez y medio meses puede encenderlo, pero nunca apagarlo. También puede ocurrir que, habiéndose acercado a gatas hasta la preciada televisión, el bebé consiga ponerse de pie frente a ella e inicie una larga serie de operaciones sucesivas de encendido y apagado para deleitarse con el continuo estallido de las imágenes en la pantalla y el delicioso sonido del botoncito cuando se le aprieta. Y no es que la televisión lleve las de perder y sea el aparato favorito de todos los bebés; en nuestras observaciones pudimos presenciar cientos de veces el mismo tipo de actividad con, por ejemplo, lavadoras automáticas de trastes, que suelen emitir un sonido encantador para los bebés cuando se presiona el botón de encendido. Les fascina además presenciar el prodigioso acto mediante el cual la opresión de un botón levante a otro en forma automática, el cual es presionado entonces para repetir todo el procedimiento. Pues bien, esta situación tan sencilla le ofrece a un bebé de diez meses el más hechizante de los atractivos.

Esta fascinación casi hipnótica por las trascendentales consecuencias inmediatas de las habilidades manuales/visuales recientemente adquiridas (cuya cima parecería estar representada por el acto de jalar la cadena de un inodoro) es la que explica el enorme interés de los bebés de ocho a catorce meses por los juguetes saltarines.

7 1/2 A 14 MESES
MANEJO DE INCIDENTES MENORES
ESTILOS DE PATERNIDAD/ MATERNIDAD
1. Estilo Sobreprotector

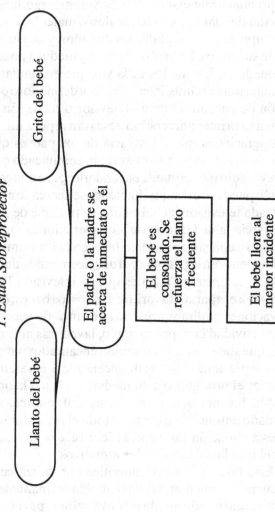

Grito del bebé

Llanto del bebé

El padre o la madre se acerca de inmediato a él

El bebé es consolado. Se refuerza el llanto frecuente

El bebé llora al menor incidente

2. Estilo óptimo

A) Intentos iniciales

Grito del bebé → El padre o la madre se acerca de inmediato a él → El bebé es consolado

Llanto del bebé → El padre o la madre se mantiene lejos pero lo consuela verbalmente →
- El bebé es consolado
- El bebé sigue llorando → El padre o la madre se acerca para distraerlo →
  - El bebé es consolado
  - El bebé sigue llorando → El padre o la madre lo carga → El bebé es consolado

B) Patrón futuro

Llanto del bebé → El padre o la madre se mantiene lejos pero lo consuela verbalmente → El bebé es consolado. Se libra sin problemas de incidentes menores y llora menos veces y por menos tiempo

Esta recién descubierta fascinación coincide asimismo con el detenido análisis de las reacciones de los padres a las conductas del bebé. Al principio se fijará en las reacciones de usted cuando se resiste a cooperar en su alimentación con cuchara. En particular, se dará cuenta de que por lo general se respetan sus reclamos de fastidio cuando rechaza lo que se le ofrece de comer. En el curso de un par de semanas, estará perfectamente enterado de sus reacciones en todo lo concerniente a los episodios alimenticios, incluyendo aquellos en los cuales el bebé embarra de plátano todos los rincones de su silla alta o lanza al suelo grasosas frituras.

Imitación.
Además de su nueva atención por las reacciones de usted a su conducta, durante los últimos tres o cuatro meses del primer año su bebé comenzará a imitar las conductas de los adultos. La combinación de estas dos tendencias conduce al desarrollo de una serie de hábitos —algunos buenos, otros no tanto— durante este periodo.

De acuerdo con investigaciones recientes, los bebés pueden imitar lo que ven desde sus primeras semanas de vida, aunque en forma limitada. Si un adulto se coloca frente a un bebé de menos de un mes y le saca la lengua, es probable que éste reaccione intentando realizar el mismo movimiento. Como el registro de esta sorpresiva conducta ha sido confirmado por otros estudios, algunos expertos en desarrollo humano sostienen que la imitación empieza desde las primeras semanas y permanece como una de las características más peculiares del comportamiento infantil. Sin embargo, este argumento es erróneo, porque el único tipo de conducta imitativa confirmado hasta ahora, el movimiento que consiste en sacar la lengua, desaparece por completo hacia el segundo mes de vida. En adelante, los bebés no vuelven a dar muestras de imitación genuina hasta los últimos tres o cuatro meses de su primer año, y a partir de ese momento la imitación no cesa de desenvolverse hasta ser frecuente durante la segunda mitad del segundo año.

El punto de partida de esta conducta suele ser la incitación al bebé, en los últimos meses de su primer año de vida, a efectuar juegos como "Tengo manita, no tengo manita..." o las "escondidas", o a que aprenda a despedirse agitando la mano, acciones en las que evidentemente no participa a sus cinco o seis meses. Uno de los motivos de que juegos como los citados sean clásicos en el repertorio de las actividades de los infantes de entre diez y once meses es precisamente que se basan en la tendencia a imitar, mientras otra razón es el poderoso efecto reforzador de las reacciones habituales de los padres a los primeros aciertos de los bebés en la aplicación de estos juegos.

Si usted empieza a jugar a las "escondidas" con su bebé cuando éste tenga nueve o diez meses, el juego le llamará tanto la atención que tarde o temprano intentará reproducirlo a su manera. Su versión de las "escondidas" le causará a usted tal sorpresa y placer que sin duda reaccionará con visible entusiasmo. Como parte de su permanente estudio de los efectos que tiene en usted, su bebé pondrá mucha atención en su comportamiento. En consecuencia, cada vez que usted inicie la práctica de las "escondidas", su bebé tenderá a imitarlo y a buscar su entusiasta reacción. Su inmediata, inusual y más bien explosiva reacción reforzará la conducta de él, de manera que con el paso del tiempo se hará más notable su gusto por jugar a cosas como "Tengo manita...", las "escondidas" y decir adiós.

Este reforzamiento procede también en la imitación de gestos extravagantes y en acciones como la de agacharse, mirar atrás a través de sus piernas o girar hasta marearse. Los niños y niñas de doce a catorce meses de edad suelen contar con una amplia variedad de "caras curiosas" que les encanta repetir una y otra vez. Es obvio que esperan que al mostrárselas a los adultos, tanto a sus padres como a los demás, éstos reaccionen en forma abiertamente aprobatoria. Precisamente esto buscan, y por lo tanto es el motivo de esta forma de actuar.

Por desgracia, en este periodo de los ocho a los once meses también aparecen hábitos desagradables. Son muchos: morder los chupones o a una persona, sea en el hombro o en la cara; jalar el cabello, los aretes (especialmente los de mamá) o los collares; quitar anteojos; propinar cabezazos; tirar comida desde la silla alta para bebés. He observado cientos de veces estas conductas en niños de nueve a catorce meses perfectamente normales y sanamente desarrollados.

Los malos hábitos comienzan a formarse al mismo tiempo y por las mismas razones que los buenos. Cuando, en brazos de su padre o madre y ya sea jugando o por accidente, el bebé le desprende los anteojos, la reacción es previsiblemente inmediata y tajante. El adulto emitirá cierta clase de exclamación, se moverá rápidamente para rescatar los lentes y pondrá cara de disgusto. No creo que haya padres a quienes les agrade se les clave el armazón de sus lentes en la nariz o les tiren los anteojos al suelo. Su atención sobre el bebé será total e instantánea.

Recurramos a otro ejemplo, el de las mordidas. Por lo común los bebés de esta edad se hallan en plena dentición. Sus encías están muy sensibles, por ello recurren, en forma aparentemente placentera, a morder objetos de plástico. De este modo, en el curso de un chupeteo inofensivo, un bebé puede morder el brazo u hombro de alguno de sus padres. El dolor provocará una reacción de sorpresa tan inmediata como intensa. Es de esta forma como los malos hábitos de los niños se refuerzan en el periodo entre los siete y medio y los once meses.

Los malos hábitos pueden dividirse en tres categorías: interpersonales, como los golpes o las mordidas; provocadores de angustia, como pararse en una mecedora o jalar un cable eléctrico, y potencialmente destructivos o de alto costo económico, como la exploración de una planta exótica o de un aparato reproductor de compact discs. La característica común de estas tres categorías es que su bebé ha comprobado que ciertas acciones generan en usted un estado de exaltación. Como esta respuesta es emocionante para su bebé, ¡vale la pena repetirla cuantas veces sea posible!

Aprendizaje de la insistencia en hacer la propia voluntad. Varias de las novedades de carácter social claramente visibles por vez primera en el periodo de los siete y medio a los catorce meses de edad pueden ser clasificadas genéricamente como la aparición de la capacidad del bebé para ejercer su fuerza —o su peso— personal. También los bebés de cuatro meses gritan y se enojan, ciertamente, pero su disgusto no se dirige a ningún ser humano en particular. Por el contrario, cuando los bebés de ocho meses se resisten a comer o al cambio de pañal, o cuando emprenden actividades más benignas como jugar a las "escondidas", su conducta está claramente dirigida a la persona con quien interactúan en ese momento.

La extasiadora experiencia de descubrir que a los padres les encanta algunas de las acciones ejecutadas por el bebé tiene como consecuencia, hacia el final del primer año, un nuevo tipo de conducta: el inicio de juegos. Habiendo experimentado incontables episodios en los cuales la realización de un gesto divertido o de una serie interminable de giros culminada en una caída al suelo dio lugar a una festiva reacción de los padres, los bebés de entre once y doce meses bien pueden desear en cualquier momento repetir esas acciones para, tras una pausa, esperar ansiosamente la misma respuesta.

De esta manera, los niños que se acercan al primer año de edad comienzan a tomar la iniciativa en situaciones sociales, resultado de una larga y significativa evolución. Durante el segundo año de vida, este hecho adoptará la forma, un tanto más enérgica, de la insistencia en que los padres obedezcan los dictados de los niños, conducta a la que llamamos "dirección". En el tercer año, esta capacidad ejecutiva, desarrollada en los juegos hogareños con los padres, permitirá a los niños comenzar a experimentar con sus posibilidades de liderazgo entre otros niños de la misma edad. La habilidad de dirigir a otros niños (así como la de darles a éstos igual oportunidad de dirigir) es una de las ocho habilidades sociales distintivas de los niños sobresalientes de tres a seis años. Los niños sobresalientes de seis años de edad adoptan tranquilamente cualquiera de los dos papeles, mientras que hay a quienes les gusta dirigir pero no ser dirigidos, y otros que sólo parecen sentirse a gusto en esta última situación. Claro que la mayoría de los niños de seis años están todavía tan inhibidos socialmente que no se mostrarán dispuestos ni a dirigir ni a ser dirigidos.

Considero que las raíces del liderazgo se hallan justamente en el periodo de los siete y medio a los catorce meses, tan rico en hallazgos de esta y otra naturaleza.

El inicio de un juego por un encantador niño de un año de edad suele divertir enormemente a quienes lo rodean. Lamentablemente, los bebés comienzan a experimentar otro tipo de acciones, por medio de las cuales pretenden darse importancia y cuyos inquietantes efectos no son divertidos, ni siquiera tolerables. El ejemplo más claro es la insistencia mediante el llanto para hacer la propia voluntad.

Su bebé insistirá en salirse con la suya en dos tipos de condiciones: a la hora de comer, cuando intentará oponerse a las instrucciones de usted (y, en última instancia, a su autoridad), y en aquellas situaciones más generales en las que deseará hacer alguna acción a pesar de las objeciones de usted. Debe estar preparado a la creciente aparición de ambos tipos de condiciones entre los siete y medio y los catorce meses. La persistencia de su bebé en esta conducta a partir de los catorce meses dependerá directamente del modo en que usted maneje la situación en este periodo de seis y medio meses. Todos los bebés pasan por este proceso en esta etapa de la vida.

El modo de reaccionar a los intentos de su bebé por ejercer su poder y expresar sus deseos a través del llanto durante estos seis meses y medio determinará qué tipo de hijo tendrá a los catorce meses. La variedad de los resultados es muy amplia, y las consecuencias son muy importantes.

Los bebés también practican las quejas contra las personas más significativas en su vida cuando no les gusta lo que ocurre al momento del cambio de pañal.

El enorme significado de lo que los niños de nueve a doce meses aprenden cuando se les cambia de pañal
Es común que los niños de entre diez y catorce meses de edad odien se les cambie el pañal. Dé usted por supuesto que su bebé manifestará su disgusto en estas circunstancias. Se resistirá mediante acciones físicas, tratará de escapar para ponerse fuera de su alcance, arqueará la espalda y quizá hasta recurra a las patadas. Todas estas conductas (y tantas otras) son comunes. Incluso he visto a padres y madres que, habiendo renunciado a cambiar a su bebé sobre la cama u otra superficie horizontal, los persiguen por doquier con la intención de cambiarlo mientras camina (si este estilo no se modifica a

tiempo, puede persistir a lo largo del segundo año de vida). Este método de enfrentar las resistencias del bebé difícilmente podrá dar buenos resultados.

En su oposición al cambio de pañal, los bebés recurrirán también a toda clase de llantos. Su resistencia se deberá en ocasiones a que tienen la piel irritada y al dolor causado, en consecuencia, por el severo procedimiento de limpieza. Sin embargo, su disgusto se deberá las más de las veces a que el cambio de pañal supone la insoportable experiencia de ser retenidos firmemente en posición horizontal, así sea apenas por unos cuantos segundos.

Cuando esta resistencia se acrecenta, los padres aplican rigurosas tácticas para enfrentarla. La distracción es una de las primeras en ocurrírseles; sin embargo, este recurso quizá prospere con un bebé de ocho meses, pero difícilmente con uno de un año. El inmediato éxito de ofrecer a un renuente bebé de ocho meses un juguetito con el que pueda entretenerse no dura en absoluto. La resistencia aumenta día a día.

Los padres recurren entonces a las conversaciones con el bebé mientras lo cambian. No cesan de hablar con el propósito de tranquilizar a su hijo. Curiosamente si el bebé está obstinado en oponerse a la operación, esta táctica dará los resultados contrarios a los perseguidos, pues el bebé comenzará a resistirse aún más vigorosamente. Dichas con la intención de consolarlo, aquellas dulces palabras no consiguen sino enfurecerlo más, y su resistencia se incrementa.

Estas fenomenales batallas por el cambio de pañal pueden desaparecer antes de los catorce meses de edad o continuar al menos hasta el segundo aniversario. Todo indica que la diferencia depende directamente del modo en que los padres manejen la situación. Más adelante explicaré en qué forma puede usted hacer de esta inevitablemente difícil circunstancia una oportunidad invaluable para guiar a su hijo de tal manera que consiga un equilibrio entre la legítima expresión de sus necesidades y el lanzamiento de una patada cuando sencillamente no pueda hacer su sagrada voluntad.

El equilibrio entre los intereses principales
Al inicio del periodo de los siete y medio a los catorce meses, la motivación fundamental de los bebés es la representada por sus necesidades físicas, como alimentarse y sentirse cómodos, y por tres importantes intereses: las interacciones sociales, el dominio del cuerpo y la satisfacción de la curiosidad. A los siete y medio meses de edad, todos estos intereses primarios son muy fuertes, de modo que se equilibran unos a otros. No obstante, este equilibrio tiende a deteriorarse conforme avanza el tiempo.

Una familia con la que trabajamos disponía de un espacio físico sumamente limitado para su bebé de ocho meses, que empezaba ya a gatear; una pequeña sala llena de toda clase de objetos. La cocina se hallaba en un extremo de esta habitación, pero la madre, que pasaba con él la mayor parte del tiempo, no permitía que su bebé se acercara allá por temor a un accidente. El apego de este niño por su madre se desarrolló más allá de lo normal. Cada día le exigía más atención. Cuando perfeccionó su habilidad trepadora, sólo deseaba perseguir a su madre para, cual si fuese un tronco, comenzar a ascender por su anatomía. Naturalmente, la madre se sentía abrumada. Nuestra experiencia nos permitió prever que las consecuencias podían ser fatídicas. Los intereses del bebé de dominar su cuerpo y explorar el entorno no estaban siendo satisfechos. Su única distracción era su madre. Esta involuntaria restricción de las experiencias de los bebés es común, pero muy fácil de prevenir.

También hemos observado a bebés de esta edad en situaciones en las que ambos padres están casi todo el tiempo fuera de casa, trabajando, razón por la cual contratan a una persona para hacerse cargo tanto del bebé como del aseo de la casa (limpiar, cocinar, lavar la ropa...). En un caso, la persona encargada del cuidado del bebé mostraba escaso interés hacia él, por ello el niño pasaba la mayor parte del tiempo en condiciones de aislamiento social en su hogar. Cuando los padres se hallaban en casa, al regresar por la noche o los fines de semana, la interacción entre ellos y su hijo era muy intensa, pero aun así buena parte del tiempo en que el bebé se hallaba despierto a lo largo de la semana se le ofrecía un pobre patrón de experiencias en comparación con el disponible por un bebé a cuyo lado se encuentra casi siempre uno de sus padres o de sus abuelos.

Si se toma en cuenta la considerable riqueza de los acontecimientos sociales en este periodo, se comprenderá fácilmente que los resultados a los catorce meses de edad están decididamente condicionados por el estilo de vida de la familia en general y por el estilo de interacciones directas con el bebé.

Otras dos importantes decisiones de paternidad/maternidad con consecuencias sobre el equilibrio de los intereses primarios y el desarrollo social de los hijos se refieren a la autorización para que recorran todos los sitios del hogar y para que satisfagan su muy poderoso interés en trepar. A las familias con quienes hemos tenido contacto en nuestras labores de observación les hemos advertido siempre que desde el inicio de este periodo hasta cuando menos los veinte meses de edad los bebés se exponen a dos grandes fuentes de accidentes serios: el envenenamiento accidental y la caída desde grandes alturas. Es evidente que todos los padres deben ser particularmente precavidos ante la amenaza de ambos riesgos. Sin embargo, hay padres tan temerosos de la posibilidad de cualquier clase de accidente que limitan en exceso las oportunidades de sus hijos para explorar el hogar, especialmente su deseo de trepar por escaleras, sillas, muebles y hasta juguetes diseñados con tal propósito.

En suma, el periodo de los siete y medio a los catorce meses es, en razón de las abundantes experiencias que entraña, una época de gran importancia para el proceso de desarrollo social. Los hechos que suelen ocurrir en éste no sólo son fascinantes, sino además tienen por lo general relevantes y duraderos efectos en la formación de la personalidad del bebé. Tales consecuencias son probablemente mucho mayores que las derivadas de factores congénitos; esta observación sin embargo no la puedo comprobar científicamente. Las experiencias de estos seis y medio meses también ejercen directa y considerable influencia en el ambiente diario de la vida familiar, tanto en el mismo periodo como en el segundo año de vida en general. A partir de los siete meses y medio, la intensidad de las emociones y satisfacciones de los bebés y de los demás miembros de la familia no cesa de aumentar. Sin embargo, si el desarrollo no marcha bien, también las tensiones y frustraciones son crecientes.

En este periodo, la dirección del interés social del bebé no tiene otro objetivo que los padres, salvo que esté de por medio un hermano mayor al bebé por menos de tres años. En tales condiciones, los padres deben estar preparados para el notorio ascenso de la rivalidad entre los hermanos y las tensiones de todos los implicados.

Durante esta época tienen lugar otros cambios de importancia. En este lapso suelen aparecer tanto la ansiedad de extrañeza como la ansiedad de separación, ambas con una duración promedio de alrededor de dos meses. No obstante, estamos también frente a un periodo muy rico en cuanto a adquisición de importantes habilidades sociales: el apoyo en un adulto, la expresión de afecto y fastidio a los mayores, el orgullo por los logros alcanzados y la invención de juegos imaginarios.

El estilo social del bebé comienza a perfilarse en este periodo. El bebé empieza a mostrar alegría por hacer reír a las personas más significativas en su vida y de merecer sus consecuentes elogios. Asimismo, aprende a distinguir algunos aspectos que les molestan. Sabe, también, que diferentes tipos de llanto rinden distintos resultados. Adquiere muchos hábitos sociales, algunos de ellos ciertamente encantadores, otros no tanto. Aprende muchas cosas a partir de la experiencia de cambio de pañal. Sabe que tal vez logra oponerse si lanza una patada. Finalmente, quizá empieza a acostumbrarse a una vida llena de oportunidades para satisfacer su curiosidad y practicar sus habilidades manuales/visuales y de trepamiento. Su vida diaria al lado de los suyos puede ser muy estimulante, o estar sometida a condiciones cambiantes, una de las cuales consiste tal vez en convivir con otros niños. Si tiene un hermano mayor y la diferencia de edad entre ellos no es mayor de tres años, su vida social será un poco más complicada que si hubiera sido el primogénito. Su convivencia con el hermano no estará exenta de agradables episodios amorosos, pero también estará marcada por ser objeto de innumerables actos de agresión y celos. Aunque consignarlo resulte un tanto alarmante, aprenderá más del temor hacia alguien semejante a él que muchos otros niños en condiciones diferentes.

Qué puede fallar

El mayor problema que los padres pueden enfrentar hacia los siete y medio meses de edad de su bebé es vérselas con un niño que ya adquirió el hábito de exigir su atención todo el día y todos los días. Además de esta desmesurada necesidad de atención, el bebé puede haber desarrollado un grado de curiosidad menor a la normal.

Ambas indeseables condiciones son resultado de lo ocurrido en los dos meses anteriores, durante los cuales tal vez los padres hayan sido incapaces de proporcionarle a su hijo, en los momentos previos a la adquisición de su habilidad para andar a gatas, un conjunto suficientemente variado de opciones.

Aunque el desarrollo alcanzado hasta este punto puede no ser ideal, la situación es susceptible de corrección a partir del momento en que el bebé comienza a gatear; sin embargo, también puede empeorar. En el resto de este capítulo expondré los motivos por los cuales la situación puede marchar mal y la forma de evitar esos errores.

Me he referido a los tres importantes adelantos sociales de este periodo: la evolución del interés del bebé en los demás, el desarrollo de sus habilidades sociales y la formación de su estilo social. Durante este lapso, el interés de su bebé por usted puede comenzar a asfixiar sus otros intereses primarios: el dominio y disfrute de su cuerpo y la satisfacción de su curiosidad por el mundo que lo rodea. Es poco probable que el desarrollo de sus habilidades sociales implique algún problema, lo cual sin embargo no puede decirse de la formación de su estilo social.

El descontrol del interés en los demás
Es común que en la segunda mitad de su primer año de vida, los bebés se concentren excesivamente en su madre. Esto se debe a las siguientes razones.

¿Qué estilo de paternidad/maternidad adoptar cuando el bebé aprende a gatear?

Aproximadamente el 75 por ciento de los bebés comienzan a desplazarse por sí solos alrededor de los siete y medio meses de edad. Uno de cada 500 gateará desde los cinco meses, mientras que muchos otros, absolutamente normales, no podrán hacerlo hasta tiempo después, como a los diez u once meses. Sin embargo, otros pasarán por alto la etapa de andar a gatas y de sus impulsos para sentarse pasarán directamente a sus intentos para pararse, y de ahí a sus paseos por la casa y a la adquisición de la habilidad de caminar. Ninguna de estas diferencias se relaciona con el posterior desarrollo intelectual, aunque tienen importantes consecuencias en la vida cotidiana y el desarrollo social.

Naturalmente, cuando los bebés comienzan a gatear los padres suelen conmoverse en extremo. Esta sensación pasará pronto, pues de inmediato se enfrentarán a la necesidad de decidir cómo manejar las consecuencias de tan fantástica como reciente habilidad. Y aunque los esfuerzos del bebé por gatear no significan una elevada habilidad atlética, al principio no dejan de representar un enorme reto. No obstante, los bebés de esta edad aún no captan la diferencia entre lo que pueden llevarse a la boca sin riesgo alguno —como los chupones, biberones y alimentos— y lo que implica algún peligro —como los cables eléctricos o los objetos con los cuales pueden asfixiarse–. En consecuencia, se llevarán a la boca todo. Muy pronto se percatará que el bebé que empieza a gatear corre peligro de hacerse daño, y el peligro puede ser aún mayor cuando comienza a trepar.

También muy pronto se hace patente que los peligros no sólo son amenaza para él, sino también para todos los objetos rompibles del hogar. Su curiosidad es ilimitada, mas no su experiencia y delicadeza. Los bebés de esta edad son clásicos destructores de plantas, platos, televisiones, radios y muchas cosas más. Les encanta trasladar objetos pequeños a lugares escondidos, así como introducir toda clase de utensilios en las ranuras de las videocaseteras. Las llaves, joyas y otros objetos de muchas familias han terminado sus días en esos aparatos, así como en los usados para la calefacción.

Otra de las consecuencias inevitables del libre deambular de bebés que gatean es el incremento de las labores domésticas. Hay más basureros y ceniceros por recoger, más libros y discos que volver a colocar en su lugar, más periódicos y revistas que rescatar en trozos de muchas partes para depositarlos en la basura... La situación llegará a extremos indescriptibles si el bebé tiene un hermano un poco mayor, cuyo temperamento será sometido a dura prueba. La rivalidad entre hermanos empieza a ser un problema de todos los días a partir de esta etapa en que el bebé exige mayor atención de usted, y debido también a su naciente deseo por explorar las posesiones del hermano mayor.

Enfrentados a estas nuevas condiciones de riesgo, gastos adicionales y considerable aumento en la carga cotidiana de trabajo, los padres se ven obligados a tomar decisiones. En definitiva, disponen únicamente de dos opciones: tomar las debidas precauciones y permitir las excursiones del bebé o reducir el campo de acción de éste a lugares en los que no pueda causarles preocupaciones a los mayores.

Muchos padres recurren al remedio de restringir el campo de acción del bebé. Lo consiguen haciéndole pasar la mayor parte del día en un corralito o depositándolo en su cuna después de desayunar y hasta antes de comer; después de comer hasta antes de cenar, y después de cenar hasta poco, muy poco antes de dormir, y a partir de ese momento lo devuelven a ese lugar. Esta práctica es más común de lo que se imagina, sobre todo entre familias de escasos recursos. No obstante, otros padres instalan a su bebé en una pequeña habitación repleta de juguetes y a cuya puerta se adapta una de menor tamaño que no impide la visibilidad pero sí, naturalmente, el paso del bebé. Me he topado muchas veces con asientos plegadizos frente al televisor, corrales ingeniosamente levantados en torno de expectantes bebés y extraños mecanismos elaborados con correas y otros aditamentos. Todos estos métodos de invención paterna o materna persiguen el mismo objetivo: impedir que el bebé transite por toda la casa.

Sin embargo, también hay padres que, a pesar de los riesgos y de los adicionales deberes implicados, jamás se

DESARROLLO INTERPERSONAL
7 1/2 a 14 meses

Edad en meses

CATEGORÍAS
Dirección del interés social

Sólo por los adultos significativos

• Ansiedad de extrañeza

• Ansiedad de separación

Por hermanos ligeramente mayores

Aptitudes sociales

Atracción de la atención mediante el
llanto intencional

Atracción de la atención por otros medios

Apoyo en un adulto

Expresión de sentimientos positivos y
negativos a los adultos

Orgullo por los logros

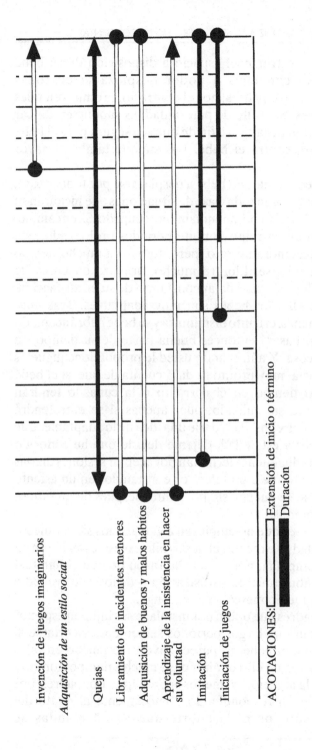

Invención de juegos imaginarios

Adquisición de un estilo social

Quejas

Libramiento de incidentes menores

Adquisición de buenos y malos hábitos

Aprendizaje de la insistencia en hacer
su voluntad

Imitación

Iniciación de juegos

ACOTACIONES: ☐ Extensión de inicio o término

■ Duración

atreverían a restringir el espacio a disposición de su bebé cuando éste comienza a poder desplazarse en todas direcciones. Estos padres, por el contrario, promueven tales exploraciones. Su estilo de paternidad les supone modificar la organización de la casa a fin de que sea segura para el bebé y esté segura contra el bebé. Les supone también mayor supervisión.

Si usted anima a un bebé a desplazarse por toda la casa, éste se encontrará en toda clase de situaciones que incitarán su curiosidad y lo mantendrán sumamente ocupado. Si, en cambio, lo confina a un corralito durante periodos prolongados, sin duda se entretendrá un rato, pero no pasará mucho tiempo antes de fastidiarse. Llorará mucho, primero en busca de atención y después para dejar constancia de su insatisfacción. A pesar de ello, los bebés son muy adaptables. Tras unas cuantas semanas, el llanto disminuirá y su bebé habrá aceptado la situación. Pasará entonces buena parte de su tiempo sin hacer gran cosa. Y aún cuando usted le proporcione juguetes en abundancia, muy pronto se dará cuenta de que, si el bebé pasa mucho tiempo en el corralito o la cuna, lo tendrán absolutamente sin cuidado, pues apenas si se entretendrá fugazmente con ellos. Para darle una idea de lo adaptables que son los bebés a esta edad, déjeme decirle que he conocido niños que gradualmente terminan por aceptar sesiones diarias de dos horas frente a un televisor e instalados en un asiento plegadizo. No se quejan; simplemente, después de un rato se quedan dormidos.

Los bebés que no empiezan a gatear a los siete y medio meses de edad se exponen al desarrollo excesivo del llanto en busca de compañía, por la sencilla razón de que el habitual periodo de aburrimiento y frustración —de los cinco y medio a los siete y medio meses— se prolonga.

Los padres que optan por instalar a sus hijos en espacios reducidos durante largos periodos suelen desconcertarse al descubrir que el bebé no parece divertirse mucho en tales lugares. En vez de ello el niño pasa mucho tiempo llorando para atraer la atención, al menos al principio. Los padres, por su parte, siguen respondiendo afanosamente al llanto del pequeño, sólo para descubrir que sus demandas se incrementan día con día (al grado de llegar a ser mucho mayores que si les permitieran recorrer libremente el hogar). En otras palabras, los intereses del bebé en explorar y en practicar nuevas habilidades motrices como la de trepar son sencillamente reprimidos. Su única ocupación consiste en llorar para llamar la atención. Con este estilo de educación del bebé solo se consigue prolongar la situación existente antes de que aprendiera a gatear. En consecuencia, este estilo implica la concentración del bebé en su vida social (a su vez restringida habitualmente a la madre), en detrimento de sus otros intereses primarios, y como resultado este periodo de seis meses y medio se vuelve para los padres mucho más difícil de lo que debería ser.

Motivos por los que el desarrollo de habilidades sociales especiales no corre riesgo en esta etapa

La aparición y satisfactoria evolución de las cinco importantes habilidades sociales que se desarrollan durante los primeros catorce meses de vida suponen únicamente el contacto regular con padres y abuelos. Cuando un bebé de diez meses manifiesta a través de gestos (en un intento por apoyarse en los adultos) que desea más jugo o más galletas, los padres entenderán sin duda la petición y la saciarán. A menos que se hallen en condiciones inusuales, la regla en este caso es que los bebés de esta edad obtendrán el alimento o ayuda que pidan. De igual forma, cuando el bebé empiece a dar sus primeros pasos, padres y abuelos estarán invariablemente encantados y manifestarán su alegría, y esto nutrirá el naciente orgullo del niño por los logros alcanzados.

El único impedimento posible al desarrollo de estas habilidades especiales sería el persistente descuido de los adultos en la atención de un bebé durante sus dos primeros años de vida. Dado que esto no suele ocurrir, el desarrollo inicial de las habilidades sociales especiales está prácticamente garantizado aun en circunstancias de excesiva complacencia para con los bebés.

Formación de un estilo social indeseable

El manejo que usted haga en este periodo de las tres decisivas lecciones sociales determinará el estilo social que su bebé adopte a los catorce meses de edad, los errores que suelen cometerse a este respecto deben ser claramente indentificados y evitados. Los describiré a continuación.

El llanto por cualquier motivo

Una vez adquirida la habilidad de andar a gatas, lo cual suele ocurrir a la edad de siete y medio meses (o un poco antes si el bebé ha realizado numerosas prácticas para intentar sentarse por sí msmo), comenzarán a golpearse y a tener raspones. El bebé se caerá a menudo, se golpeará la cabeza y se machucará los dedos. Serán numerosas las experiencias que no impliquen mayores riesgos pero si causen muchos malestares. La reacción de los bebés será el llanto.

Durante los primeros meses de vida, los padres deberán responder veloz y cariñosamente al frecuente llanto de su hijo, a fin de aliviar sus molestias y ayudarlo a establecer tanto sólidos fundamentos emocionales como positivos sentimientos hacia los demás. Este estilo de reaccionar suele afianzarse en un par de semanas. El estilo sobreprotector mencionado en relación con los golpes e incidentes menores del bebé que comienza a gatear es en realidad la prolongación natural del mismo estilo que tanto recomiendo a los padres durante los primeros meses de vida del bebé. Sin embargo, si los padres siguen reaccionando de la misma manera cuando su hijo tiene ocho o nueve meses, lo más probable es que induzcan un hábito de llanto excesivo. Esto quiere decir que una vez que el bebé rebase los seis meses de edad, los padres deberán modificar sus reacciones al llanto del niño. Esta transición es difícil, debido quizá a las intensas emociones propias de estos meses, pero de cualquier forma hay que llevarla a cabo.

Algunos padres, especialmente los más sensibles y aquellos con mayor capacidad auditiva, seguirán reaccionando de inmediato al llanto del bebé, sin considerar si sus molestias son graves o no. Con sólo escucharlo, abandonarán sus actividades y se acercarán rápidamente a él para consolarlo. Lo cargarán, mecerán, le darán palmaditas en la espalda y quizá hasta le ofrecerán un chupón. Asimismo, le dirigirán dulces palabras. Sin embargo, este estilo de respuesta aun ante los numerosos incidentes menores cotidianos sólo reforzará el llanto como comportamiento habitual. Éste es uno de los métodos clásicos con el cual los bebés aprenden que el llanto es una reacción aceptable a prácticamente todo lo que les sucede. La consecuencia natural de este estilo sobreprotector es el abuso del llanto tanto en frecuencia como en duración, aun mucho después de la edad de los nueve meses.

Este problema se complica aún más con la aparición de la ansiedad de extrañeza y de separación durante el mismo periodo. Es de esperar que estas formas de ansiedad produzcan cierto nivel de llanto, pero el bebé cuyos padres atienden hasta los incidentes más insignificantes tenderá a exagerar sus reacciones a tales fuentes de intranquilidad. Llegado al año de edad, un bebé en estas condiciones llorará por cualquier motivo y muchas veces hasta sin razón. Puedo asegurarle que convivir con un niño de este tipo no resulta divertido.

El desarrollo de malos hábitos
Durante el importante periodo de los siete y medio a los catorce meses, muchos bebés adoptan como propios hábitos francamente irritantes. Por lo general, los padres ignoran tanto el motivo de tales costumbres como la forma de eliminarlas. Una de sus reacciones más comunes ante la evidencia de que su hijo ha adquirido un comportamiento de este tipo consiste en decir, en tono firme: "¡No debes hacer eso!" A partir de los ocho o nueve meses, los bebés comienzan a percibir (aunque no siempre a comprender del todo) la desaprobación de sus padres, lo cual no significa, que este trato sea eficaz para la prevención o eliminación de los malos hábitos. Más bien sucede lo contrario; estas reprimendas verbales suelen ser contraproducentes, pues en vez de anular la indeseable conducta, la refuerzan. Esto es así porque para un bebé de nueve meses los regaños de sus padres representan la confirmación de que recibe toda su atención, lo cual le agrada.

Descontrol del aprendizaje de la insistencia en hacer la propia voluntad

También el desarrollo de la capacidad del bebé de insistir en hacer su voluntad puede causar problemas en el periodo de los siete y medio a los catorce meses. Como ya dijimos, este proceso inicialmente se presenta durante el séptimo mes, asociado a la alimentación y el cambio de pañal, aunque también a la siesta y la hora de dormir.

La insistencia a la hora de dormir. En cuanto los bebés aprenden que el efecto de su llanto es la aproximación de mamá o papá a la cuna, comienzan a usarlo con este propósito a la hora de la siesta, la hora de dormir y a altas horas de la noche. Habitualmente, los bebés de siete y medio meses ya han adoptado un patrón de sueño regular: se duermen alrededor de las siete y media u ocho y media de la noche y despiertan entre las cinco y media y siete de la mañana. Asimismo, acostumbran dormir dos siestas durante el día. Abundan las excepciones en este terreno, pero hacia los siete meses es común un patrón de sueño regular (y civilizado).

Aun así, los bebés de esta edad suelen resistirse a dormir, sobre todo si los padres se guían más por el reloj que por los signos de sueño. Esta resistencia es especialmente visible en bebés que abusan del llanto para insistir en hacer su voluntad. Cada día que pasa, acrecentan su experiencia en el uso inmediato y eficaz de este instrumento. Basta, pues, con ser trasladados a su recámara y ser colocados en su cuna para que comiencen a llorar, y en poco tiempo subir en intensidad. En cuestión de un mes, los bebés han aprendido que el llanto escandaloso puede más que el moderado para suscitar una acción inmediata de sus padres: la de sacarlos de la cuna luego de un lapso no mayor de tres minutos. Llorosos como están, su situación no obsta para que se pongan a jugar. Poco tiempo después, se realiza un nuevo intento de hacerlos dormir. Las quejas infantiles se repiten y el ciclo comienza de nuevo, hasta conformar un patrón estable erizado de dificultades.

En ciertos casos, este patrón surge a deshoras, las dos o tres de la mañana, a causa de que el bebé despierta por alguna molestia menor y, viéndose en medio del silencio y la oscuridad, recurre al único medio a su alcance para modificar la situación: llorar para llamar a su madre. La hora ciertamente es inconveniente, pero para un bebé de siete meses esto carece de significado.

La primera lucha de voluntades. Cuando los padres no han sido capaces de fijar límites efectivos durante el periodo de los nueve a los doce meses, el comportamiento de prueba del bebé alrededor del primer año deja de ser puramente tentativo para adquirir características más contundentes. El comportamiento del niño comienza a escapar al control de los padres. Los sigue poniendo a prueba con frecuencia, pero al mismo tiempo empieza a desarrollar una actitud que puede desembocar en una prematura lucha de voluntades, con lo cual el segundo año de vida puede resultar sumamente problemático. Las pruebas dejan de serlo para convertirse en exigencias de atención; el bebé ha aprendido que cuando pone a prueba a sus padres, atrae de inmediato su total atención. En consecuencia, transforma este acto en un instrumento de control. Esta evolución resulta obvia en momentos como aquellos en los cuales los padres pretenden sostener una conversación con otra persona cuando el bebé se encuentra presente; no pasará mucho tiempo antes de que éste insista en recibir atención y si no es atendida con rapidez recurra a conductas desaprobadas por sus padres en ocasiones anteriores. Ha aprendido que existen ciertos comportamientos prácticamente infalibles.

Resumen

¿Cómo será su hijo a los catorce meses de edad si usted cae inadvertidamente en algunas de las trampas referidas? Cheryl tenía catorce meses y diez días cuando cierto comportamiento suyo, particularmente molesto para sus padres, se había vuelto una tradición a la hora de la cena: papá tenía que darle de comer, pues de otro modo no probaba bocado. Si su madre intentaba darle de comer, la bebé prorrumpía en estrepitoso llanto, derramaba abundantes y auténticas lágrimas y se colocaba al borde de la histeria. El hecho de ponerse a llorar de inmediato revelaba que su conducta no era novedosa, sino, por el contrario, producto de arduos y prolongados ensayos desde muchos días atrás. Como para entonces teníamos varios meses trabajando con esta familia, sabíamos que efectivamente así era. En situaciones como ésta, lo primero que cabe preguntarse es si existe alguna razón por la cual un bebé deba ser alimentado exclusivamente por su padre. La respuesta es obvia, pero realmente nos enfrentábamos a un caso representativo de un bebé a quien se le ha enseñado que para conseguir lo deseado le basta con llorar.

Para hacer justicia a estos padres, hay que decir que no sólo estaban prendados de su hija, sino que además habían extremado todos sus cuidados por tratarse de un bebé de nacimiento prematuro, lo que, según les habían dicho, lo colocaba en desventaja frente a los niños nacidos tras un periodo normal de embarazo. La niña, por lo demás, se hallaba ligeramente por debajo de su peso. Es comprensible entonces que a los padres les preocupara tanto su alimentación y la importancia de evitar cualquier irregularidad al respecto, motivo por el cual sus deberes en este renglón eran más complicados que para la mayoría de los padres. Sin embargo, también los padres de niños perfectamente saludables y nacidos en el momento indicado están expuestos a este tipo de problemas a la hora de la cena, y por supuesto que no faltan casos de esta clase.

Otra encantadora niña de la misma edad que respondía al nombre de Dolly, particularmente vigorosa, era igualmente eficaz en el manejo de su poder. Como los padres de Cheryl, también los de Dolly habían terminado por acostumbrarse a un estilo suave para el tratamiento de los numerosos episodios en los cuales la bebé insistía en imponer su voluntad. En una visita que hice a su casa, su madre y yo nos sentamos al sofá, mientras que su padre se instaló en un asiento de dos plazas y de baja altura, al tiempo que Dolly se entretenía yendo de un rincón a otro, tomando todos los objetos a su paso y realizando permanentes intentos por atraer la atención de sus papás. Luego de unos diez minutos, se dejó ir definitivamente sobre su padre y comenzó a empujarlo para que se recorriera hacia la plaza vacía del sillón. Su papá no entendió al principio lo que se proponía, pero cuando lo comprendió simplemente se hizo a un lado. No más de diez segundos después, Dolly, sentada para entonces en el lugar vacío, se puso intempestivamente de pie, se acercó al extremo en el que se encontraba su padre y comenzó a empujarlo de nuevo para que volviera al sitio en el que originalmente se hallaba. Pues bien, en un lapso de aproximadamente diez minutos, este acto se repitió unas ocho o nueve veces, con la avergonzada complicidad del padre. Cabe hacer notar que ninguna de las partes involucradas se alteró jamás, aunque aquel pobre hombre no dejó de inquietarse ante la evidencia de que su remolineo perturbaba levemente nuestra conversación.

Como la mayoría de los padres, el de Dolly estaba rendidamente enamorado de ella. Si le permitió hacer alarde de sus habilidades "directivas" fue por la cortesía propia de su personalidad, pero también por su incapacidad para determinar hasta qué límite aquella conducta podía ser considerada aceptable y normal. En lo que toca a Dolly, este episodio era simplemente uno más de los que acostumbraba protagonizar todos los días ante la complacencia de sus padres, reveladora de su estilo de paternidad/maternidad. Sólo era un poco más "empujona" que la mayoría de los bebés de catorce meses, mientras sus padres eran mucho más indulgentes que la mayoría de los padres con éxito en la educación de sus hijos.

Si aquel hubiera sido un incidente aislado, tal "impulsora" conducta habría resultado muy poco significativa, pero la experiencia dicta que, en niños o niñas de catorce meses de edad, esos comportamientos nunca son excepcionales, sino reflejo de un estilo social que no ha dejado de evolucionar durante el periodo de los siete y medio a los catorce meses.

El caso de Sam es similar. Dotado, a sus catorce meses de edad, de una personalidad avasallante, la primera vez en que se le dio permiso de sentarse en el regazo de su padre durante la cena fue sin duda memorable para él. Sin embargo, todas las noches de la semana siguiente volvió a solicitar sentarse en las piernas de su padre a la hora de la cena, deseo reiteradamente concedido. Tanta amabilidad parecía agradarle, y sus peticiones se hicieron en un tono cada vez más insistente, siempre muy eficaz; pero lo cierto es que ¡ay de sus padres si se negaban a concederle el anhelado permiso! A su padre aquello le pareció al principio un bonito detalle, pero pocos días después dejó de agradarle el no poder comer en paz, justamente lo que Sam se proponía, tal como lo dejaba ver con toda claridad. En este caso, no nos fue tan difícil convencer a los padres de que Sam estaba abusando de ellos y rebasando sus legítimos derechos, gracias a lo cual se decidieron a desalentar esa conducta. Al bebé le llevó unos cuatro días acostumbrarse a la idea de cenar en su silla, lapso durante el cual, sin embargo, sus quejas fueron más que estridentes. A pesar de ello, no dejó de amar a sus padres tanto como los quería cuando se habían mostrado tan complacientes con él.

Cualquiera diría que los padres de todos estos niños debían haber imaginado lo que podía ocurrir al permitir a sus hijos comportarse de esa manera, sólo habría bastado un poco de sentido común. No obstante, la mayoría de quienes son padres por vez primera suelen carecer tanto de la necesaria perspectiva como de la elemental objetividad para evitar el desarrollo de esas conductas o corregirlas de inmediato.

El abuso, el llanto con una frecuencia diaria superior hasta veinte veces al de los niños promedio y muchos otros hábitos desagradables —como morder, golpear, jalar el cabello y quejarse a menudo— son, en el caso de los bebés de catorce meses de edad, señales clásicas de que el desarrollo social de los niños sigue una dirección equivocada que puede suponer grandes problemas para un niño de tres años de edad. Aunque me molesta decirlo, debo asegurar que la inocencia de los bebés desaparece en cuanto cumplen su primer año. La mala educación, tal como he venido describiéndola hasta este momento, no es tan infrecuente en niños de catorce meses de edad y, para ser francos, si para entonces ha sentado sus reales, resulta muy difícil de combatir. En lo que se refiere al desarrollo social, ¡un bebé de catorce meses ya no es un niño!

Asombrosa e importante constatación acerca de las explicaciones a los niños de siete y medio a catorce meses

Al inicio del periodo de los siete y medio a los catorce meses, la mayoría de los bebés comprenden apenas una o dos palabras, lo cual para ellos es suficiente; hacia los catorce meses, en cambio, su comprensión abarca entre dos y tres docenas de términos. No obstante, conceptos como el de "peligro", "igualdad" o "compartir" aún escapan a su entendimiento, como también el procedimiento de unir palabras en oraciones formales. Su capacidad de comprensión del lenguaje sigue siendo muy limitada. Esto no impide, por razones obvias, que muchos padres les hablen con la intención de consolarlos y apaciguarlos.

La tendencia a intentar consolar a un bebé con explicaciones como "Pasará pronto", "Te va a doler sólo un ratito" o "Mamá tiene que hacerlo, por tu bien" es absolutamente comprensible, y suele dar excelentes resultados con niños de mayor edad. Sin embargo, pretender fijarle límites a un bebé de entre siete y medio meses y dos años de edad a través de explicaciones resulta contraproducente. A lo largo de este periodo de desarrollo las explicaciones no sólo no funcionan, sino refuerzan el comportamiento indeseable.

Todo indica que la razón es que cuando se le dan explicaciones a un bebé, lo único que capta es que usted le concede su total atención. Esta atención es un instrumento reforzador muy poderoso, especialmente en el periodo de los ocho a los veinticuatro meses. Si su bebé sigue obteniendo atención con palabras que le hacen sentir bien, seguirá oponiéndose al cambio de pañal o intentando apoderarse de todos los vasos colocados sobre la mesa.

Este estilo de paternidad, caracterizado por las frecuentes explicaciones de padres desconcertados, no es raro. Suele ser el estilo que padres cariñosos, inteligentes y sensibles aplican en su trato con su primogénito.

Después de describir los errores que los padres pueden cometer durante este periodo, pasemos a los aciertos.

Cómo guiar a su bebé por la primera etapa difícil de desarrollo social

Metas

Lo ideal sería que, al llegar a los catorce meses de edad, su hijo fuera así:

Un niño cuyos tres principales intereses —la satisfacción de su curiosidad, el desarrollo y disfrute de sus habilidades motrices y la realización de interacciones sociales agradables— están siendo debidamente saciados y se equilibran entre sí.

Un niño que no abusa del llanto y que ha aprendido a librar exitosamente toda clase de reveses y molestias de importancia menor.

Un niño sin hábitos irritantes como morder, jalar el cabello, romper vasos o golpear.

Un niño que ha aprendido que tiene derecho a insistir con relativa energía cuando tiene intensos deseos de algo o cuando definitivamente no le gusta lo que se le propone, o bien cuando no se le ha comprendido correctamente. Un niño que una vez que ha repetido su mensaje y recibido como respuesta la imposibilidad de cumplir su deseo, accede a desistir y acepta la autoridad de sus padres.

Un niño que permite se le cambie de pañal sin ningún problema.

Un niño feliz, que se muestra contento con la vida y sólo se queja o llora cuando sufre una molestia física de consideración.

¿Cómo se pueden alcanzar estas metas?

1) Manteniendo el equilibrio entre los intereses primarios

Aparte de las necesidades físicas de alimentación, sueño y bienestar de los bebés que apenas comienzan a andar a gatas, desde el principio de nuestra investigación pudimos comprobar que la mayoría de lo que hacen persigue el propósito de satisfacer alguno de sus tres intereses primarios. Si usted analiza las actividades que emprende su bebé en un día, se dará cuenta que a través de ellas busca interactuar con los demás (interés social), mejorar o gozar de sus habilidades físicas en desarrollo (interés motriz) o explorar (satisfacer su curiosidad). Cada uno de estos tres intereses es para él una fuente de sensacionales y disfrutables acontecimientos.

Una vez llegado a los tres años de edad, el niño que se ha desarrollado magníficamente sigue manteniendo vivos esos intereses. Si un niño ha sido descuidado o maltratado, padecerá de un interés social disminuido, pero conservará su curiosidad e interés en su cuerpo. El desequilibrio más común es, sin embargo, el que resulta del excesivo desarrollo del interés social a expensas de los otros dos como consecuencia de la desmesurada atención de los padres a, sobre todo, un primogénito. Los niños insistentes y quejumbrosos de dos años de edad corresponden a esta categoría. De igual forma, es muy probable que un bebé de siete meses quien se aburrió y fastidió en los meses anteriores llore y exija ser cargado en mayor medida que si se le hubiesen ofrecido muchas cosas interesantes que hacer en ese periodo.

He explicado ya el concepto de creación de un ambiente adecuado al desarrollo de los bebés de cinco y medio meses a fin de eliminar aburrimiento y frustración y desalentar el abuso del llanto en busca de compañía. Cuando los bebés comienzan a gatear, es más fácil reducir sus excesivas demandas de atención, para lo cual es necesario, sin embargo, contar con un hogar seguro.

Un hogar seguro. Si su bebé ha usado la andadera, usted sabe como hacer de su casa un hogar seguro. Cuando el bebé se acerca a los seis meses de edad, es necesario comenzar a tomar toda clase de precauciones en casa, porque de un momento a otro empezará a desplazarse y trepar por todas partes. Lo exhorto a hacer todo lo posible por que su hijo pueda moverse libremente por toda la casa sin riesgo alguno. Permitirle hacerlo implica, por supuesto, tomar todas las medidas de seguridad imaginables. En los apartados dedicados a este tema en mi libro *The First Three Years of Life* encontrará abundante información al respecto, aunque existen muchos otros libros útiles sobre el particular. Incluso, cuando menos en Estados Unidos, hay compañías especializadas en la evaluación de hogares para este fin, que venden además pasadores de seguridad para armarios, muebles de aparatos eléctricos, puertas de escaleras, etcétera. (Una familia de nuestro proyecto pagó hace poco 500 dólares en estos menesteres para adecuar una casa de tres recámaras, pero lo mismo puede hacerse con un gasto mucho menor.) Cuando los bebés comienzan a gatear, hay que poner atención especial a todo lo ubicado a una altura de alrededor de 60 centímetros sobre el suelo, aunque cuando empiezan a desarrollar sus habilidades trepadoras es necesario tener cuidado con los objetos localizados a mayor altura.

Además de las medidas de seguridad generales, a todas las familias les recomendamos instalar una puertecita en el extremo superior de las escaleras, y otra en el reborde del tercer escalón del extremo inferior, así como alfombrar el pie de la escalera. Finalmente, conviene colocar un pasador alto en todos los baños, mantenerlos cerrados cuando no se les ocupe y asegurar el acceso a despensas y mobiliario de la cocina para dejarlo fuera del alcance de los bebés de siete y medio a catorce meses de edad.

Si toma estas medidas y se documenta sobre la evolución de los intereses y habilidades de su hijo durante este periodo, será capaz de crearle un ambiente adecuado a su desarrollo.

Libertad de exploración. El siguiente paso de este proceso consiste en soltar a su hijo. Ni siquiera hará falta que lo induzca a explorar. Lo hará por sí solo, y hallará en ello abundantes fuentes para la satisfacción de su curiosidad y de su interés en dominar y gozar su cuerpo. Asimismo, aprenderá mucho acerca de las personas significativas para él, muchas más de las que adquiriría si pasara la mayor parte del tiempo en un corralito o encerrado en una recámara repleta de juguetes. Lo anterior ocurrirá independientemente de que su casa sea una mansión o un hogar modesto. Para un bebé que empieza a gatear, cualquier casa es un paraíso.

Todo esto implica un solo ingrediente esencial: la presencia permanente de alguien que esté loco por el niño, quien por lo general será usted.

Ningún factor es más importante para los buenos resultados del deseo de aprender del bebé que la presencia regular de alguien que lo ama. Sin embargo, *ninguno de los padres debe estar en casa con el bebé todo el tiempo a partir de los siete meses y medio.* Las madres o padres dedicados de tiempo completo al cuidado de sus hijos deben salir de casa un par de horas todos los días para estar lejos de sus pequeños. Esto implica la posibilidad de contar con alguien que cuide debidamente de ellos en este lapso. Este relativo distanciamiento impedirá que las relaciones entre bebé y padres se vuelvan exageradamente intensas, y a su vez facilitará estimular los intereses del bebé por satisfacer su curiosidad y el perfeccionamiento de sus habilidades motrices de reciente adquisición.

La intervención de otra persona en la vida diaria del bebé supone evidentemente el cuidado de prever el surgimiento de las ansiedades de extrañeza y de separación. De ahí que sea recomendable anticipar este paso lo más posible, incluso desde el séptimo mes de vida, así como lograr que en las primeras semanas la nana pase mucho tiempo en el hogar al lado del bebé. En esta etapa, el lugar en el cual los niños se sienten más seguros es naturalmente el hogar.

2) Enseñándole al bebé a librar sin problema las dificultades menores
Su bebé no llorará por cualquier motivo antes de los siete y medio meses (aunque, claro, si empieza hasta los dieciséis o diecisiete sería más que irregular). Es de esperar que el bebé que comienza a gatear y pronto aprenderá a impulsarse para ponerse de pie y ascender por todas las alturas, sufra golpes y caídas con frecuencia. El deber de usted consiste en enseñarle que estará al tanto para aliviar en lo posible las consecuencias de estos percances, él debe ser capaz de soportar pequeñas y breves molestias y seguir como si nada hubiera ocurrido. Esto no quiere decir que si el bebé se cae y lo oye llorar con particular angustia, no deba acercarse ni consolarlo. En casos así por supuesto que tendrá que intervenir, aunque lo importante en estas circunstancias es mostrar genuina preocupación sin incurrir en excesivos mimos.

En la gran mayoría de los casos, sin embargo, las caídas provocarán llantos relativamente intensos pero concluirán las más de las veces antes de poder contar hasta veinte, siempre y cuando no acostumbre abandonar de inmediato lo que está haciendo para asistir al bebé pase lo que pase. Mi consejo es el siguiente: trate de distinguir si el llanto es suave o intenso. Si todo indica que su bebé efectivamente se ha lastimado, o si lo duda, reaccione de inmediato y acérquese a su hijo en afán de consolarlo. Si, como tiende a ocurrir a menudo, deduce que su malestar es mínimo, limítese a reaccionar verbalmente dirigiéndole a la distancia unas cuantas palabras para hacerle saber que ha notado su llanto y que lo lamenta; después, cuente hasta veinte para comprobar si en verdad se trata de un llanto efímero cual sucederá la mayoría de las veces. Recuerde que su atención es un reforzador muy poderoso durante los primeros meses de la vida del bebé. Adoptar un comportamiento atento pero, cuando así se requiera, también práctico será la mejor manera de enseñarle a su hijo que él puede librar sin dificultad los incidentes menores que se le presenten. Si cumple usted con este principio, le aseguro que a los catorce meses de edad su bebé no llorará por todo.

3) Previniendo el desarrollo de malos hábitos
Esta meta es más difícil de alcanzar que las dos anteriores. Este problema implica dos tipos de acciones: prevención y corrección, aunque lo mejor será poder prevenir el desarrollo de costumbres como morder, dar cabezazos o jalar el cabello.

A partir de los siete meses de edad de su bebé, usted debe estar consciente de la posibilidad de que adquiera ciertos malos hábitos. Si usted tiene el cabello largo o acostumbra usar anteojos o aretes, tenga la seguridad de que en algún momento su hijo deseará examinarlos, y de que al hacerlo lo lastimará o dañará los lentes. Así pues, cuando lo cargue, fíjese si mira sus anteojos con atención, manipula su cabello o ve sus aretes, conductas absolutamente normales en todos los bebés por su enorme curiosidad y su interés en emprender exploraciones que impliquen el uso de facultades manuales/visuales. En tales casos, usted tiene varias opciones:

quitarse los lentes antes de cargar a su hijo, cortarse el cabello o dejar de usar aretes por un tiempo.

Si no puede evitar que su bebé le jale dolorosamente el cabello, aplique el siguiente método. Haga todo lo posible por evitar una reacción intensa inmediata. Sobre todo, evite gritar. Con esta respuesta, natural en usted, sólo conseguiría reforzar aquella conducta. Este principio puede notarse en especial cuando los niños intentan apoderarse de los anteojos de sus padres. La reacción común da como resultado la repetición de la conducta, al grado de volverse un hábito tras una docena de veces. Si su bebé quiere prenderse de su cabello, retírele suavemente la mano y dígale, con palabras sencillas y gesto serio, que no debe jalarle el cabello a nadie. Los bebés de siete y medio meses son perfectamente capaces de percibir el sentido de una desaprobación. Han comenzado a comprender el significado de la palabra "no", así como el tono de la voz de sus padres y el gesto para rechazar severamente una actitud.

Algunos padres recurren a partir de esta época a detenidas y sentidas explicaciones con el supuesto propósito de controlar a su bebé. Esta inclinación es comprensible, pero tales intentos no dan ningún resultado positivo para la correcta socialización de los niños. Decirle a su bebé de nueve meses que no debe jalarle el cabello porque le duele, puede arrancárselo, y por ello debe entender que eso no se hace, puede hacerlo sentir muy bien a usted, pero a) el bebé no le entenderá más de dos palabras y b) con su explicación únicamente logrará reforzar la conducta que pretende desterrar, porque su hijo sólo captará que ha conseguido atraer su atención.

De algo puede estar seguro si durante los últimos meses del primer año de vida se asientan en un bebé hábitos desagradables: la razón es que uno o ambos padres han reforzado, quizá involuntariamente, aquellas conductas. Para prevenir no hay como estar conscientes de esto; además, la prevención es mucho mejor que la corrección.

¿Qué puede hacer si fracasan todos sus intentos por prevenir el desarrollo de malos hábitos? Todo depende del hábito. No olvide que, en esta etapa de desarrollo, todas aquellas acciones de su bebé que merezcan una reacción exaltada de usted tenderán a convertirse en costumbres. Si su hijo repite una y otra vez acciones como tirar comida o ponerse de pie sobre su silla, interumpa la comida en ese instante, aun si apenas acaba de comenzar. No la reanude minutos después, o el positivo efecto de este remedio contra la mala costumbre se perderá. Y no se preocupe de que su hijo no vaya a estar bien nutrido; cuando los niños tienen hambre, no es necesario obligarlos a comer. Repita sus advertencias sólo una vez; si no dan resultado, interrumpa la comida. Y, por favor, no le dé a su hijo complicadas explicaciones.

Disciplina: Para la eliminación de un mal hábito, restricción de movimiento. Si el mal hábito consiste en hacerle a otra persona algo que causa dolor, como morderla o jalarle el cabello, eliminar esa mala costumbre habrá de costarle mucho trabajo. El procedimiento recomendado se basa en nuestras observaciones en el sentido de que a la mayoría de los bebés entre diez y doce meses de edad les desagrada en extremo se les sujete, así sea durante apenas unos segundos. Incluso quienes se mantienen quietos mientras se les cambia de pañal no toleran les restrinjan sus movimientos.

Si un bebé insiste en morderlo después de que usted le ha dicho dos veces que "no", ha llegado el momento de actuar. Cárguelo y trasládelo a un extremo de la habitación o a otro cuarto. Siéntelo frente a usted al tiempo que lo sostiene por los hombros y la parte superior de los brazos. No lo lastime, sólo sujételo firmemente de manera que no pueda moverse. No se sorprenda si se le queda viendo entre sonrisas. No sonría. Si el niño accede a permanecer así durante dos, tres o cuatro minutos sin quejarse, quiere decir que usted no ha restringido suficientemente su movimiento, pues si en verdad lo sujeta firmemente, no pasarán más de dos minutos sin que muestre su desagrado. Consulte su reloj, pero no lo suelte durante quince segundos más. Las quejas del niño aumentarán. Transcurridos los quince segundos, dígale brevemente algo como "Vamos a regresar al otro cuarto y a seguir jugando, pero si me muerdes de nuevo, te volveré a traer aquí." (No entenderá mucho, pero no importa: no es necesario.) Eso es todo. No deberá advertirle sobre el riesgo de infecciones o daños de la piel; bastará con la tenue fijación de un límite en el que no hará concesiones.

Nuestra experiencia ha demostrado repetidamente que con niños de nueve, diez y once meses la adecuada y persistente aplicación de esta forma de control permite eliminar malos hábitos en unos siete o diez días. Si se necesita recurrir a este procedimiento, anote en alguna parte la conducta que desea desterrar y la fecha. Si a los siete o diez días el bebé sigue incurriendo en ella, quiere decir que no ha restringido su movimiento en la forma debida o durante el tiempo indicado. Prolongue el periodo a partir de sus quejas hasta los treinta o cuarenta y cinco segundos. Lo común es que haya persistido la conducta por la comprensible renuencia de los padres a sujetar firmemente al bebé para evitar que llore.

Me veo aquí en la obligación de exponer uno de los resultados de mis investigaciones quizá más difíciles en cuanto a su aplicación en el proceso de la buena educación de los hijos. Siempre que este procedimiento se ejecuta correctamente, el bebé se siente mal de la imposición de cierta restricción a su comportamiento por parte de sus padres. Tal vez exista una mejor manera de educar a los niños de tal forma que al llegar a los tres años sean seres maravillosos sin necesidad de haberlos hecho llorar cuando se les fijó un límite, pero en caso de existir, no sé cuál sea, pues hasta ahora no la he encontado ni en nuestros cursos de educación para padres ni en las muchas familias observados a lo largo de nuestras investigaciones. De ahí que en todo lo que he escrito desde finales de la década de los sesenta siempre he recomendado a los padres formas de control que, sin dejar de ser afectuosas, también sean firmes.

En los últimos años hemos comprobado asimismo que una mano firme no significa golpear a los niños, aunque sí, por desgracia, asumir como padres la responsabilidad de causarles una tristeza a los pequeños, mas con la única intención de enseñarles a respetar las reglas de la familia. Tras haber expuesto esta primera forma de castigo, debo añadir que si, a partir de los siete meses y medio, a los bebés se les educa de esta forma, con toda seguridad en los meses por venir serán más felices que otros cuyos padres no ejercen sobre ellos esta modalidad de control. Los niños más felices de los dos a los tres años son aquellos que desde su nacimiento han recibido numerosas muestras de amor, pero también constantes e inamovibles indicaciones acerca de los límites a ciertas conductas, sobre todo entre los siete y medio y los veintidós meses de edad.

4) Enseñándole a un niño que tiene derecho limitado a insistir en hacer su voluntad o a repetir algo para cerciorarse de que ha sido entendido

Esta meta es la más difícil de alcanzar, pero si usted no la cumple, al llegar a los catorce meses su bebé se quejará en exceso, y convivir con él será nada divertido. Sin embargo, los padres no suelen fallar en este aspecto, aunque tampoco alcanzar los mejores resultados, para los cuales sería necesario aplicar la misma dinámica que en la prevención de malos hábitos.

En cuanto su bebé de entre siete y medio y catorce meses comience a experimentar con su nueva capacidad para insistir en hacer su voluntad, usted debe enseñarle que existen límites en cuanto al cumplimiento de los deseos. Si usted ignora la evolución de esta habilidad hasta bien cumplidos los diecinueve meses, lo pagará muy caro. En realidad no existe razón de pretender impedirle a su hijo aprender que tiene derecho a hacerles saber a los demás hasta qué punto algo le agrada o desagrada, así como a cerciorarse de que se le entiende. Es muy importante la adquisición de estas habilidades de comunicación con usted y de afirmación de sí mismo, pero también debe saber que cuando usted fija un límite a sus deseos, no está dispuesto a retroceder. No es posible premiarlo por patalear o llorar desconsoladamente a causa de la resistencia de usted. Si estas tácticas no le permiten al bebé obtener lo que desea, dejará de usarlas.

Entre los diez y doce meses de edad, su bebé puede obstinarse en conseguir algo negado por usted, como la manipulación del control remoto del televisor o la ingestión de cierto tipo de alimentos o bocadillos. Quizá su hijo se ponga furioso con usted y hasta comience a comportarse en formas potencialmente autodestructivas, como golpearse la cabeza contra el suelo. Si esto sucediera, tenga la seguridad de que esa conducta dará sus propios efectos de "autolimitación", pues su hijo la abandonará sin necesidad de la intervención de usted tan pronto como se dé cuenta de que está causándose dolor.

Cambio de pañal: La gran oportunidad. La experiencia del cambio de pañal ofrece excelentes oportunidades de enseñanza. Si su bebé de diez u once meses se resiste, lo más probable es que usted opte, no sin grandes esfuerzos, por alguna de las siguientes posibilidades: tranquilizarlo, consolarlo o distraerlo, o simplemente seguir adelante hasta concluir la operación. Le recomiendo que siga adelante.

Cómo cambiar a un bebé sin problemas al tiempo que se le enseña una valiosa lección sobre la vida en familia. El primer paso de este procedimiento consiste en estar preparado. Tenga siempre a la mano todos los materiales necesarios (instrumentos de limpieza, pañales nuevos y algunos juguetes que puedan servir como distracción). Cuando sea momento de cambiar de pañal al bebé, anúncieselo. No se disculpe por tener que hacerlo. Trasládelo simplemente a la cama o al mueble sobre el cual acostumbra realizar esta operación. Déle de inmediato algo para entretenerse. Si todo marcha bien, dígale cosas, diviértase con él. Si, por el contrario, comienza a quejarse o a resistirse mediante patadas, retorcimientos o intentos de rodar, sírvase de su superioridad física y concluya su labor en absoluto silencio. No hable. No le pida disculpas ni le avise que está por terminar, pues de ser así reforzará su resistencia en lugar de reducirla. Éste es, en efecto, uno de los casos más comunes para demostrar que la las explicaciones de los padres de sus razones y el intento de consuelo a sus hijos da como resultado lo contrario de lo buscado. Por lo demás, la resistencia de los bebés en estas circunstancias es universal y da lugar a toda clase de problemas para los padres.

Por lo tanto, su meta debe ser enseñarle a su bebé, desde el inicio de este periodo, que el cambio de pañal es inevitable y por lo tanto la actitud que le corresponde adoptar es de resignación. El cambio de pañal es, para estos efectos, una operación similar a la de la aplicación de una inyección: algo que debe hacerse y punto. A partir del momento en que su hijo lo comprenda, el cambio de pañal se convertirá en una extraordinaria oportunidad para enseñarle quien está al mando y que el amarlo y el satisfacerle sus deseos la mayoría de las veces no significa que siempre deba ser así. Ésta es la verdad. No obstante, si la piel del bebé está irritada a causa del uso del pañal, obviamente la operación de limpieza le dolerá, motivo por el cual usted deberá extremar sus cuidados.

La otra gran oportunidad: Atención a nuevos avances. En mi libro *The First Three Years of Life* describí el estilo que los padres deben adoptar para ayudar a sus hijos a desarrollar su habilidad de lenguaje de la mejor manera posible. Este estilo se sirve de la natural tendencia de los bebés de diez u once meses de edad a acercarse repetidamente a uno de sus padres en el curso del día. Si se les permite moverse con libertad, los bebés de esta edad se desplazarán cada vez más lejos de sus padres como resultado de sus exploraciones por el hogar. De acuerdo con nuestras investigaciones, entre los diez y los dieciséis meses los bebés buscan contacto con sus padres diez veces cada hora. A esta tierna edad, tales contactos se realizan por tres propósitos: hallar consuelo y alivio tras haber sufrido un golpe; pedir ayuda en el manejo de un juguete complicado o solicitar, por ejemplo, más jugo, en cuyo caso el bebé aparecerá en compañía del vaso o el juguete, o hacer partícipe al padre o a la madre de un fenomenal descubrimiento, como una pequeña caja vacía, en cuyo caso el bebé aparecerá con ella para maravillar al adulto y ostentar frente a él un resplandeciente gesto de satisfacción. El estilo más adecuado para reaccionar frente a estos hechos está compuesto por los siguientes pasos.

1. Reaccione tan pronto como pueda para indicarle al bebé que se ha dado cuenta de su solicitud de atención.

2. Indentifique el motivo de que el bebé se haya acercado a usted. En esta etapa de desarrollo es muy fácil advertirlo.

El siguiente paso es de gran importancia en el proceso de socialización:

3. Tómese un momento para decidir si lo que su bebé desea en ese momento es más urgente que lo que usted está haciendo. Casi siempre se percatará de que puede interrumpir

momentáneamente su actividad y atender la necesidad de su hijo, lo cual le llevará en promedio veinticinco segundos. Si, por el contrario, decide usted que lo que está haciendo es más importante que la necesidad de su hijo de ese momento, dígale algo como "Ya te oí, pero estoy ocupado(a). Espérame." Esta sencilla práctica corresponde a lo que llamamos "egoísmo sano". Como en el caso del cambio de pañal, constituye una excelente oportunidad para enseñarle a su bebé, en el momento indicado, que aunque usted lo quiere mucho y considera muy importantes sus necesidades, también están las de otras personas, especialmente las de usted.

Es probable que estas recomendaciones le parezcan un tanto bruscas y por lo tanto se resista a adoptarlas, pero créame: si las sigue, obtendrá grandes beneficios. Su bebé se sentirá más feliz y usted lo amará más.

El sueño: Un caso especial. Si para las siestas y la hora de dormir usted se atiene al reloj y no a los signos de sueño, esta labor le resultará más difícil de lo que debería. Aguarde lo necesario hasta ver aparecer en su hijo las señales de sueño. Éstas tenderán a surgir cinco, diez o pocos minutos más adelante de la primera manifestación de cansancio. Llegado el momento de la siesta o de ir a la cama, el bebé apenas se quejará si está exhausto. Llévelo entonces a su cuna para que duerma una siesta; si se queja, limítese a decirle que debe dormir y retírese. Cierre la puerta. En caso de contar con un aparato de registro de los ruidos, no le suba el volumen; bastará con un volumen bajo para escuchar no sólo sus gritos, sino también sus quejas más moderadas. Una vez que abandone la habitación, consulte su reloj y deje pasar cinco minutos.

Si transcurrido este lapso el bebé sigue llorando, entre a su recámara, cárguelo, sáquelo de ahí y llévelo a jugar hasta que vuelva a dar muestras de sueño. Como en el caso anterior, aguarde entre cinco o diez minutos hasta que apenas pueda mantener abiertos los ojos, y repita el procedimiento.

Este método es muy eficaz. Su intención es evitar la práctica común en esta etapa de desarrollo con la cual se enseña a los niños que basta con la queja enérgica para obtener lo deseado. Por supuesto que tienen derecho a quejarse, pero es limitado. De otra manera, usted dará pie para que su hijo tome más decisiones respecto de su vida de las que legítimamente le corresponden en este periodo.

Fijación de límites: La necesidad de tomar en cuenta el punto de vista del bebé. Fijar límites es sumamente sencillo en ciertas circuns-tancias, sobre todo cuando hay algún riesgo de por medio. Imaginémonos que un bebé de doce meses está jugando en el patio del frente de su casa. Sus padres se distraen en el momen-to en que el bebé comienza a desplazarse hacia la calle. En cuanto se percatan de ello, reaccionan velozmente, espe-cialmente si se acerca un auto. Su acción de correr tras el bebé y cargarlo es en sí misma una fijación de límites. Imaginemos ahora a la madre de este niño en el momento de cambiarlo de pañal; el bebé se resiste: lanza patadas, se retuerce. ¿Qué hace la madre? Intenta distraerlo, lo cual, en caso de lograrlo, no tiene efectos prolongados. Comienza entonces a hablarle, a explicarle que en un par de minutos estará listo, etcétera, mientras batalla para concluir la labor.

¿Cuál es el punto de vista del bebé en ambas situaciones? ¿Un niño de doce meses tiene idea sobre las graves consecuencias de cruzar la calle? Obviamente no. Percibe únicamente la apresurada y rotunda acción de sus padres para impedirle hacer lo que se propone. No entiende por qué motivo existen diferencias entre las restricciones de sus padres sobre su conducta cuando intenta atravesar la calle y sus explicaciones cuando se resiste al cambio de pañal. En consecuencia, su única conclusión es que el comportamiento de sus padres es incongruente. Dado que aquellas dos situaciones transmiten mensajes opuestos, su resultado en el bebé es de franca confusión.

Estas evidentes incongruencias entorpecen el proceso de aprendizaje del bebé y, a su vez, dificultan a los padres la transmisión de mensajes claros al niño sobre las ocasiones en las cuales sencillamente no puede hacer lo que quisiera, y que ellos se encargarán de indicarle mediante las señales apropiadas. Este problema clásico nos permite explicar la gran utilidad de la experiencia del cambio de pañal en este periodo de desarrollo.

Cuando un niño (de cualquier edad) insiste en una cosa a pesar de la firme oposición de sus padres, la reacción debe ser consistente, más allá de los motivos de su oposición. A fin de obtener los mejores resultados del periodo entre los siete y medio y los catorce meses, usted debe determinar con todo detenimiento si en un momento dado desea o no fijar cierto límite. Si decide hacerlo, debe asumir la responsabilidad de comprobar que su hijo lo cumple. Si éste insiste en seguir tomando su jugo de uva en el sofá nuevo o se le permita tomar un cuchillo filoso del cajón de la cocina, usted debe preguntarse qué tan razonable es su petición. Quizá lo más fácil sería cumplir su deseo, pero no se lo recomiendo. Es común que los niños de esta edad hagan apasionadas e insistentes peticiones, frente a las cuales es necesario que los padres apliquen el principio del "egoísmo sano". Rendirse, sobre todo si las ha rechazado en ocasiones anteriores, debilita su autoridad en la fijación de límites y estimula en el bebé el comportamiento consistente en satisfacer sus necesidades a expensas de las necesidades de los demás (en este caso las de usted). A ello se debe que estas oportunidades de aprendizaje no deban dejarse pasar en esta etapa de la vida de su hijo.

No pierda de vista que en el periodo de los siete y medio a los catorce meses su bebé está aprendiendo a manejar la insistencia en hacer su voluntad. Enséñele, pues, que tiene derecho a ello en razón de que se le ama y es una persona valiosa. Pero enséñele también que ese derecho tiene límites, los cuales deben ser fijados y sostenidos por otra persona igualmente valiosa y digna de amor: usted. Su hijo no dejará de hacer innumerables experimentaciones con esta nueva capacidad. En consecuencia, analice cada cosa que le solicita. Cuando corra peligro, trazar la línea divisoria será muy fácil, pero más allá de eso propóngase ser y mantenerse firme cuando decida trazar la línea, especialmente en esta etapa.

En la fijación de límites está en juego algo más que la prevención de accidentes. Los padres que se dan cuenta que implica el aprendizaje de su bebé de aceptar su autoridad, son quienes logran hacer de él un ser feliz y debidamente desarrollado cuando alcanza los catorce meses de edad.

Una forma más suave de aprender a insistir: Iniciar juegos. En los últimos tres o cuatro meses del primer año de vida surge el comportamiento al que puede llamársele imitación. Es entonces cuando los padres por fin logran que sus bebés agiten la mano en señal de adiós o se muestren dispuestos a jugar a las "escondidas" o a "Tengo manita...". (Muchos de ellos habían pasado meses intentándolo infructuosamente.) Estas primeras imitaciones del bebé suelen ser correspondidas con las festivas reacciones de padres y abuelos. A causa de la enorme capacidad reforzadora de las muestras de fascinación de los adultos, tales conductas se afianzan rápidamente. El bebé querrá entonces tomar la iniciativa en cuanto a la realización de tales actividades, lo que dará motivo a nuevos e importantes acontecimientos en su vida.

La pequeña Caroline, de once meses, llevaba varias semanas practicando a todas horas el juego de dar vueltas y vueltas y más vueltas hasta terminar en el suelo. Ciertamente bastaban unas cuantas para que se mareara. Sus padres se dieron cuenta de este hábito en ella, de manera que cuando comenzaba a girar lanzaban gritos y exclamaciones de júbilo y alzaban los brazos; Caroline se detenía entonces, los miraba, y enrojecía de placer. Así pues, cada vez que uno de sus padres se hallaba presente, la niña no tardaba en iniciar sus giros, detenerse y, ya sin esperar su reacción, alzar los brazos y sonreír con los ojos puestos en ellos.

Éste es uno de los muchos ejemplos de lo conocido como "iniciar juegos". Se trata de la forma más benigna en la que los padres pueden utilizar su influencia sobre sus hijos. Este comportamiento se relaciona directamente con la insistencia en hacer la propia voluntad y representa otro de los signos tradicionales de los adelantos sociales de los bebés. Es de hacer notar que su aparición tiene lugar, junto con muchas otras habilidades, en un periodo muy corto, una más de las razones por las cuales considero que el desarrollo social de los bebés es en esos primeros años un proceso sumamente interesante.

Resumen

El periodo de los siete y medio a los catorce meses en la vida de un bebé es de gran importancia para su aprendizaje social y para dejar sentadas las bases para que este niño llegue a los tres años de edad con un comportamiento impecable. Al inicio de este periodo, la principal determinación de la conducta está representada por las necesidades físicas de alimentación y bienestar, así como por los tres principales intereses del bebé. Estos intereses —la satisfacción de la curiosidad, el dominio y disfrute de las habilidades físicas y la socialización con las personas más significativas, junto con el estudio de su conducta— son muy poderosos y suelen equilibrarse entre sí cuando el bebé tiene siete y medio meses de edad. A partir de este momento, y a lo largo de los primeros treinta meses de vida de su hijo, una de las tareas primordiales de los padres es proporcionarle al bebé un ambiente lleno de oportunidades y opciones adecuadas a su desarrollo que le permitan satisfacer todos y cada uno de sus intereses primarios. Sin embargo, recurrir, como suele hacerse en esta época, a corralitos o a pequeñas habitaciones repletas de juguetes para hacer los lugares donde preferentemente se instala al bebé, significa obstaculizar su interés por explorar el hogar y dominar su cuerpo, por lo cual esta práctica tiende a descomponer el equilibrio entre sus intereses. La consecuencia natural de ello, sobre todo si la madre pasa todo el tiempo en casa y el bebé es el primogénito, es el desarrollo de un apego excesivo hacia la madre y la adopción de un estilo de exigencias desmesuradas del bebé. No es correcto que, a partir de los siete y medio meses, los padres, o al menos uno de ellos, pasen todo el tiempo al lado de su hijo. Alejarse un par de horas diarias impide el desmedido desarrollo de su interés social.

Proveer el medio más adecuado al desarrollo del bebé y establecer un buen patrón de actividades diarias son hechos cuya eficaz realización depende del profundo conocimiento de los padres acerca de los intereses y habilidades de su hijo y de sus múltiples y veloces modificaciones en este periodo. Aún incompleta e imperfecta, tal información está a disposición de los padres, quienes deben hacer un esfuerzo por comprenderla.

Asimismo, es necesario que los padres desestimulen el desarrollo excesivo del llanto a causa de incidentes menores e impidan el arraigo de malos hábitos inocentemente adquiridos, que en caso de afianzarse deben ser eliminados a la brevedad.

Finalmente, debe enseñársele al bebé que su derecho de insistir en hacer su voluntad es limitado, así como que, en vista de que su capacidad para comunicarse aún no se ha desarrollado del todo, tiene derecho a repetir una vez lo deseado para confirmar que se le entiende. Esto significa, por el contrario, evitar enseñárle que para obtener lo deseado cuando sus padres se resisten a concedérselo basta con patalear o llorar desconsoladamente; además, como la mayoría de sus deseos son oportunamente satisfechos, la advertencia de sus padres sobre la imposibilidad de satisfacer alguno basta para dar por terminado con el asunto.

El proceso de socialización puede complicarse, en ocasiones debido a factores que escapan al control de los padres, aunque también a factores bajo su control. Cuando un bebé no comienza a gatear hacia los siete y medio u ocho meses de edad, ni aun después, se dificulta mantenerlo ocupado. La vida de la familia se entorpece y el bebé tiende a exigir demasiada atención, en estos casos las andaderas o utensilios semejantes pueden ser muy útiles. Sin embargo, puede ser que un bebé de entre nueve y medio y diez meses sea demasiado grande para utilizar algunos de ellos.

No es sencillo convivir con un bebé de gateo tardío, pero si usted se encuentra en esta situación y aplica las recomendaciones expuestas en la sección anterior de este capítulo, lo más probable es que todo marche bien en su hogar. A diferencia, por ejemplo, de los bebés de cinco y medio a siete y medio meses, los que tienen diez y aún no han aprendido a gatear suelen llamarles mucho la atención los juguetes saltarines, con gran variedad en el mercado. Adquiéralos. Úselos. De igual modo, a los niños de esta edad e incluso a algunos de edad menor suelen interesarles los libros de gran formato, ya que les permiten poner en juego sus habilidades manuales/visuales recientemente adquiridas. En otras palabras, si usted está al tanto de los intereses en desarrollo de los niños durante esta época, podrá compensar a su bebé en caso de que se retarde levemente en andar a gatas, con lo que además impedirá el surgimiento de problemas producto del desarrollo extremo del interés social

Signos del inicio de una nueva etapa de desarrollo social

El llanto intencional en busca de atención entre los cinco y medio y seis meses y la habilidad de desplazamiento por una habitación entre los siete y medio y ocho son claras señales de importantes cambios por ocurrir en el desarrollo social de un bebé. A partir de ese momento, los signos de este tipo dejarán de ser tan visibles. He llamado a la siguiente etapa del proceso "experimentación con la autoridad", aunque otros especialistas la denominan la etapa "negativa" o del "no". Este periodo se caracteriza por la fascinadora aparición de la conciencia de sí mismo, la primera ocasión en que el bebé se percata de la existencia de "yo" y "mío". Usted podrá notar que su hijo está enfrascado en acciones muy serias para medir de cuánto poder dispone en la familia, pero el inicio de esta etapa no es fácil de precisar, debido en parte a que puede comenzar tan pronto como al decimocuarto mes o tan tarde como al decimoctavo. Si, de igual forma, su hijo empieza a hablar pronto, identificará usted esta etapa cuando le pida algo y él se resista diciéndole: "¡No, mío!" Sea como sea, más pronto de lo que se imagina se dará cuenta de que su dulce y cándido bebé ha comenzado a deleitarse en indicarle a usted qué hacer, después de haberlo obedecido fielmente (o casi) durante los meses anteriores.

Notas:
[1] Véase especialmente pp. 246-248.
[2] Cuando afirmo que se trata de habilidades recién adquiridas, aludo a aproximadamente el 75 por ciento de los niños, una pequeña proporción de los cuales las habrán adquirido semanas o hasta un par de meses antes de esta época, mientras otros, también normales, las adquirirán meses después. Para más detalles sobre este tema, véase mi libro *The First Three Years of Life*, especialmente las gráficas dedicadas al desarrollo motriz.

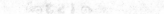

CAPÍTULO 4

DE LOS CATORCE A LOS VEINTIDÓS MESES [1]
UNA ANTICIPACIÓN DE LA ADOLESCENCIA
Desarrollo social normal

El periodo que abarca de los ocho meses a los dieciséis meses es sumamente rico, tenso (por más que lo maneje con destreza) e importante para el desarrollo social de su hijo. Todas las familias observadas o con quienes hemos trabajado directamente han batallado con su hijo por lo menos durante seis meses de este periodo. Dado que, cada vez más consciente de su poder, no está seguro de cuánto posee, dedica buena parte de su tiempo y energía a resolver ese enigma, y al mismo tiempo mantiene su enorme apego a las personas más significativas para él, apego que sin embargo concluirá precisamente en esta etapa. En consecuencia, la principal responsabilidad de los padres consiste en este caso en estimular el creciente poder de su hijo y enseñarle a respetar los derechos de los demás, empezando por supuesto por los de ellos.

El desarrollo del interés en los demás

Este periodo es excepcional por el interés social de su bebé hacia usted. En el periodo anterior su hijo analizaba detenidamente todas sus reacciones hacia él, pero el afán de explorar la casa y dominar su cuerpo seguía ejerciendo una influencia muy poderosa. No obstante, a partir de los catorce meses, su interés hasta en las conductas más insignificantes de usted llegará a su nivel más alto, a un grado que quizá no vuelva a repetirse en la vida.

Es posible que el apego de su hijo hacia usted crezca

hasta el punto de hacerlo sentir asfixiado. La tensión derivada de permanecer con un niño de dieciocho meses la mayor parte del tiempo, hora tras hora, día tras día, puede ser enorme. El motivo de este comportamiento es que aproximadamente a los catorce meses de edad todos los niños se sienten impulsados a consolidar una relación muy estrecha con cuando menos una persona mayor. El establecimiento de un pacto social con al menos un adulto es evidentemente el asunto más importante de los niños a todo lo largo de su segundo año de vida (e incluso hasta de buena parte del tercero). Una vez resuelta esta necesidad básica, dirigirán su energía social al aprendizaje de sus relaciones con personas de su edad.

Será natural que en este periodo su hijo se muestre relativamente distanciado de casi todos los adultos. Sin embargo, aunque la mayoría de los niños que empiezan a caminar (entre los catorce y los veinticuatro meses) tienden a aferrarse a sus padres cuando se encuentran fuera de casa, uno de cada cinco no presentará las habituales reservas en el trato con los demás, sino que se inclinará a ser muy amigable con todas las personas. Se ignoran las razones de esta diferencia.

Las bases sociales del interés en las pelotas y los libros
El objeto de juego más importante entre los catorce y los veintidós meses es la pelota. A los niños de esta edad les encanta toda clase de pelotas, sean chicas o grandes, duras o suaves. Quizá para su hijo el regalo de mayor valor en esta temporada sea una gran pelota de plástico. ¿A qué se debe este gusto por las pelotas? Creo que son tres las razones de esta fascinación. Tal como lo señaló Piaget, alrededor de los siete meses de edad, época en la cual inician la práctica de tirar comida desde las alturas de su silla, a los bebés les interesan mucho los objetos que se mueven (curiosidad). Asimismo, la pelota es un objeto más que apropiado para ejercitar lanzamientos y devoluciones (interés motriz). Finalmente, permite pasar momentos muy divertidos con los padres, y exhibirse ante ellos (interés social).

Dado que en esta etapa los bebés se concentran en el establecimiento de una buena relación con sus padres, cualquier juguete u objeto que sirva para este fin posee un atractivo especial. Este principio se aplica también a los libros. Puesto que el uso de los libros implica cercanía entre su bebé y usted, esta etapa es ideal para crear el gusto por estos objetos, que muy probablemente podrá derivar años después en un buen hábito de lectura. Si para los catorce meses de edad los libros han sido una presencia constante en la vida del bebé, éste habrá desarrollado un notorio interés en ellos. Ya no deseará chuparlos ni se sentirá especialmente tentado a separar y darles vuelta a las hojas (interés motriz), pues ahora le atraerá su contenido (curiosidad), y sobre todo la oportunidad que le ofrecen de estar cerca de usted (interés social). La cercanía a usted y su total atención serán para él cada vez más importantes. Poco a poco, sin embargo, estas sesiones de lectura también darán lugar a experimentaciones con la autoridad.

¿Los bebés de esta edad deben pasar tiempo al lado de otros niños?
Actualmente, muchos padres creen, por una u otra razón, que los bebés de esta edad deberían jugar con otros niños. Junto con ellos, muchas otras personas están convencidas de la necesidad de su convivencia con otros niños de su misma edad. Me opongo a esta idea. Para empezar, está demostrado que los bebés ya mayores de catorce meses son capaces de agredir físicamente a niños de su edad. Más de una vez he visto a niños de dieciocho meses servirse de medios físicos para intimidar a otros. Esta situación contribuye a que los niños dominantes desarrollen una actitud abusiva y los otros se vuelvan cada vez más sumisos. Quienes trabajan con niños conocen muy bien este problema. No sé de un solo beneficio de este tipo de experiencia para los niños, ya correspondan a un estereotipo o al otro. Por desgracia, entre los hermanos con escasa diferencia de edad prevalece esta misma dinámica (como lo comentaremos más adelante).

Por lo tanto, los padres deben vigilar el comportamiento social de sus hijos cuando estén al lado de niños de su edad. Su bebé de dieciocho meses se divertirá mucho y será muy correcto con el niño de cuatro o cinco años de la casa vecina, pero seguramente no se comportará del mismo modo con niños de entre dieciséis y veinticuatro meses.

El credo del niño que ha dado sus primeros pasos

Si me gusta, es mío.
Si te lo doy pero después cambio de opinión, es mío.
Si te lo quito, es mío.
Si ya lo tuve un rato, es mío.
Si es mío, nunca será de nadie más, sea quien sea y pase lo que pase.
Si jugamos juntos, todo es mío.
Si parece que es mío, lo es.

Excepcionalmente he atestiguado casos de niños de dieciocho a veinte meses capaces de interactuar maduramente con niños de su edad. No es, entonces, que sea imposible, sino simplemente que usted no debe dar por supuesto que ocurrirá. La convivencia decorosa implica siempre la ausencia de toda forma de agresión física, el relativo interés por lo que el otro hace y la disponibilidad a intercambiar papeles y compartir juguetes y muchas otras cosas. Esta conducta es sumamente extraña durante esta época.

De los siete y medio a los catorce meses, el bebé identifica a las personas más significativas para él y se empeña por conocer lo mejor posible sus reacciones a las conductas adoptadas, pero en este nuevo periodo el mensaje del comportamiento del bebé no sólo es más intenso, sino también más complejo. Es como si dijera: "Necesito a estas personas, sobre todo cuando no estoy en casa, y ahora las necesito más que antes. Son mi protección. Los niños grandes me caen muy bien, sobre todo los de cuatro o cinco años, y también me gusta ver a los bebés, porque son muy bonitos y no me hacen cosas malas. Me encantan los perritos, los gatos y las ardillas. Pero los niños de mi edad son otro asunto... Cada vez que estoy con ellos, tenemos problemas." [2]

Rivalidad entre hermanos

Ninguna descripción del desarrollo social durante los primeros años de vida estaría completa sin una referencia explícita a la rivalidad entre hermanos. Sus efectos son tan visibles que sería imposible ignorarlos. A los padres suele avergonzarles reconocer las frecuentes peleas de sus hijos. Si a un padre se le pregunta cómo se lleva su hijo de tres años con el de dieciocho meses, contestará casi sin duda frases como las siguientes: "¡Lo adora! Les encanta jugar juntos. A veces el mayorcito abusa un poco del otro, pero en realidad lo quiere mucho." En nuestras observaciones domésticas de este tipo de parejas fraternas hemos comprobado, en cambio, que los niños de tres años no quieren mucho a sus hermanitos de dieciocho meses. Casi no hay día que peleen con ellos. Cualquier padre que pase en casa la mayor parte del tiempo lo sabe mejor que nadie.

El impacto de la rivalidad entre hermanos sobre el desarrollo social de los niños depende de la edad de los mayores. Al referirme al periodo entre los siete y medio y los catorce meses, señalé que la vida cotidiana de un bebé podía ser muy problemática y angustiosa si tuviera un hermano mayor con una diferencia de edad inferior a los tres años. Durante el periodo de los catorce a los veinticuatro meses, a lo largo del cual la capacidad del bebé para las relaciones interpersonales se desarrolla considerablemente, los hermanos menores no están tan dispuestos a ser objeto permanentemente de los abusos del mayor. Tan es así que los pequeños especialmente vigorosos suelen convertirse en este lapso en los provocadores de conflictos con los mayores. Su repertorio de agresiones está compuesto fundamentalmente por mordidas y jalones de cabello, armas eficaces contra niños más grandes y fuertes que ellos. A los padres suele llevarles algo de tiempo aceptar que cuando oyen a sus hijos pelear, no pueden saber cuál de los dos comenzó el pleito.

Bien puede ocurrir, por todo ello, que en esta época los niños menores dominen a los ligeramente mayores. Después de todo, ellos tienen más experiencia en la sensación de dolor, de esta manera temen exponerse a las mordidas y jalones de cabello. Además, suele suceder que sus padres les hayan prohibido agredir a sus hermanos menores. Y por si fuera poco, para los niños pequeños no existen reglas de juego limpio en los enfrentamientos.

Los niños que se acercan a los dos años de edad pueden a su vez tener un hermano menor que apenas comienza a gatear, con una diferencia entre doce y catorce meses. En consecuencia, los niños de veintidós a veinticuatro meses concentrados intensamente en sus relaciones con su madre se dan cuenta de que un proceso de mayor importancia se entromete cada vez más en estas relaciones, pues a medida que su hermano menor aprende a gatear y trepar, la atención de la madre se dirige preferentemente a él. El principal efecto es la irritación cada vez mayor del niño de alrededor de dos años quien comienza a sentirse celoso e infeliz.

Cabe también la posibilidad de que un niño entre veintidós y veinticuatro meses se halle en medio de un hermano levemente mayor y otro menor que empieza a gatear. Los bebés en estas condiciones son impredecibles. Por lo general son más agresivos que los hijos únicos, pues han tenido que aprender a defenderse de su hermano mayor; sin embargo, a diferencia de éste, nunca fueron los únicos hijos en el hogar, de esta manera su desplazamiento por el nuevo bebé es menos intenso que el experimentado por el hermano mayor.

Las consecuencias sobre el desarrollo social en relación con el lugar que un niño ocupa en la familia no son del todo claras, pero algo sí es seguro: la corta diferencia de edad entre varios hermanos dificulta enormemente la labor de educarlos. También es obvio que si el primogénito fue objeto de excesivas complacencias, la rivalidad con sus hermanos menores le causará mayores problemas.

El desarrollo de habilidades sociales especiales

Durante este periodo los niños pulen las cinco habilidades sociales especiales que comenzaron a desarrollar en los meses anteriores. Se vuelven más astutos para prever las reacciones de los padres a su conducta, al grado de que llegados a los veinticuatro meses saben muy bien cuáles son los botones que deben oprimir.

La capacidad para atraer la atención de los demás en formas aceptables puede avanzar sostenidamente en esta época o progresar poco a poco, pero por lo general los niños de dos años son mucho más hábiles que los de catorce meses.

Los nuevos acontecimientos que caracterizan a este periodo pueden dar lugar a un constante aumento en el orgullo que un bebé siente de sí mismo. El resultado de este importante proceso depende directamente de la cantidad de tiempo que pase al lado de las personas más significativas para él. En la mayoría de los casos, nadie puede estimular mejor este progreso que los padres y los abuelos. Por consiguiente, la expresión de sentimientos a los mayores puede hacerse más compleja y adecuada o sencillamente sofocarse, de acuerdo con las reacciones de los adultos al comportamiento del niño. Si, por ejemplo, la madre debe atender a otros hijos y se siente por ello muy abrumada y desdichada, el bebé descubrirá sin duda que la tolerancia a la libre expresión de sus sentimientos (sobre todo de su enojo) es limitada. Este periodo le ofrece en verdad numerosas oportunidades de aprender lo aceptado o no aceptado en su familia. He conocido a muchos niños de dos años temerosos de su madre, a pesar incluso de que deliberadamente nunca he trabajado con familias en problemas graves. (Sin embargo, en este periodo es más común que los niños aprendan a temer a un hermano mayor o a despreciar a uno menor.)

La tendencia a inventar juegos imaginarios, iniciada poco después de cumplido el primer año de vida, tiene extraordinarias consecuencias. Los padres se inclinan en forma natural a reforzar este tipo de conducta, lo cual por supuesto deben hacer. El aumento en la capacidad de lenguaje y en la habilidad mental de los niños que se acercan al fin de este periodo los faculta para gozar de toda clase de historias y cuentos. La disposición al juego de parte de los padres, así como la demostración de su entusiasmo por las actividades y ocurrencias de su hijo, pueden alentar enormemente su inventiva. Lamentablemente, los niños que pasan solos la mayor parte del tiempo no suelen recibir este tipo de estímulo.

El desarrollo de un estilo social

De la iniciación de juegos a la dirección de actividades
La conducta de dirección se desarrolla inmensamente en el periodo de los catorce a los veintidós meses. Su origen se encuentra en los diez u once meses en la tendencia a iniciar juegos con los padres. Habiendo aprendido (a través de la

imitación) a responder a juegos como "Tengo manita..." o las "escondidas" entre los nueve y diez meses de edad, el niño experimenta un cambio, hacia los diez u once, que lo incita a iniciar esas actividades a fin de obtener la muy apreciada, y conocida, reacción de sus padres. Esta iniciativa por emprender juegos evoluciona después para convertirse en un deseo de dirigir a los padres y —más tarde, alrededor de los tres años— de dirigir y encabezar a niños de su edad.

Para los niños en este periodo es placentero darse cuenta por primera vez que poseen cierto poder sobre los mayores; tienen una muy agradable sensación al decir a sus padres lo que deben hacer. Esta tendencia suele aparecer durante los juegos, cuando uno de los mayores, habitualmente el padre, está dispuesto hasta a echarse sobre manos y pies, según las instrucciones de su hijo, con tal de complacerlos. Estos juegos son muy divertidos para todos. Usted puede sugerirle a su hijo, por ejemplo, que traiga uno de sus libros; a los catorce meses de edad suelen encantarles peticiones de esta clase. Puede sugerirle también que le lleve uno de los que más le gustan; al principio quizá no tendrá favoritos, pero con el tiempo sin duda aparecerán. Advertirá que la oportunidad de elegir le agradará en extremo, y cada vez más. Poco a poco irá sintiéndose más seguro de sí mismo, al grado de no sólo llevarle un libro cuando se lo pida, sino aparecer de pronto con uno para pedirle que se lo lea. Tal vez para entonces haya adoptado la costumbre de apoyarse en sus piernas mientras transcurre la lectura. Tarde o temprano, por lo general hacia los dieciséis o diecisiete meses, querrá ser él quien determine en qué momento debe dar vuelta a la página. No se sorprenda si insiste en cambiar de página antes de haber terminado de leerla. En este caso le interesa "dirigirlo", no escucharlo, aunque en otras ocasiones tomará un libro, se sentará y se pondrá a "leerlo", actividad solitaria motivada por la curiosidad. Dirigirlo a usted en una sesión de lectura es, en cambio, un acto social.

En esta época su hijo puede iniciar incontables veces un juego en el que es costumbre que todos participen y el cual anteriormente era propuesto por los padres.

A Elizabeth, de diecinueve meses de edad, le encantó

que sus padres le enseñaran una ronda infantil, uno de cuyos fragmentos decía "y todos se cayeron", momento en el cual, evidentemente, todos los participantes debían echarse al suelo. Luego de practicarlo varias veces, todo mundo termina mareado, aparte de un poco vapuleado por tantas caídas. A los adultos les basta francamente con un par de rondas. A Elizabeth este juego le fascinó. Sin embargo, tras haberlo practicado unas cuantas veces en diferentes días; ya no esperaba a que sus padres la invitaran a jugarlo, ella les decía que lo hicieran. A sus padres les encantó al principio que esa ronda divirtiera tanto a su hija, y también les agradaba mucho verla en pleno desempeño de sus habilidades ejecutivas recientemente adquiridas. No obstante, Elizabeth no tenía suficiente con una, dos o hasta tres repeticiones; deseaba muchas más; esta obsesión por la repetición es propia de esta edad. Un día sí y otro también, esta niña de 84 centímetros de altura se la pasaba pidiéndo a sus padres que jugaran con ella. Ya había aprendido a practicar la ronda con sus muñecas, pero sus padres seguían siendo los participantes más importantes. Su madre no tardó en excusarse, lo cual le fue concedido a cambio de que el padre siguiera interviniendo en el juego, cosa que tuvo que hacer, a regañadientes, en los días siguientes.

Esta capacidad ejecutiva de los niños de catorce a veintidós meses suele ejercerse fundamentalmente con los padres y los abuelos. Si un niño de dieciocho meses pretende aplicarla con otro de la misma edad, lo más seguro es que no resulte. Sin embargo, a los padres y abuelos suele agradarles enormemente (cuando menos las veinte primeras veces).

Estas actividades "directivas" corren el riesgo de convertirse a veces, hacia el segundo año de vida, en conductas un tanto tiránicas, aunque también es posible que se transformen en comportamientos más sanos de "intercambio de turnos". Pero ya sea un caso u otro, seguirán manifestándose en los juegos con los amigos hacia los tres años de edad.

El equilibrio entre los intereses primarios

A causa de que las necesidades sociales de los niños en esta época son sumamente intensas, es muy probable que el equilibrio entre los intereses primarios se pierda en cierto grado. Las actitudes sobreprotectoras de los padres, con la consecuente limitación del interés natural del bebé por ascender y trepar, pueden provocar una reducción en el interés motriz. Si el bebé vive confinado en una recámara o cualquier otro espacio limitado, su curiosidad se inhibirá. Asimismo, en caso de que uno de los padres acostumbre pasar con el niño la mayor parte del tiempo, la tendencia al apego excesivo aumentará, en detrimento de los otros intereses primordiales. La conservación del equilibrio depende directamente de las prácticas educativas adoptadas por la familia. Su estabilidad suele ser difícil de alcanzar, pero vale la pena intentarlo.

La señal queja/felicidad

Si el desarrollo de un niño en este periodo es deficiente, se pasará buena parte del día quejándose y poniendo a prueba la autoridad de sus padres. Cuando, en cambio, el proceso ha marchado bien, las quejas serán mínimas (aunque las habrá) y, lo mejor, el niño se mostrará feliz la mayor parte del tiempo. Se quejará de vez en cuando, por supuesto, pero en grado muy reducido, y hacia los diecinueve meses no lo hará casi . Estos sencillos indicios son suficientes para saber qué efectos han tenido en los niños las prácticas educativas aplicadas.

En mi opinión, esta época de la vida es sumamente importante para el desarrollo social. Las acciones emprendidas por los padres tanto en este periodo como en el anterior (de los siete y medio a los catorce meses) son decisivas en la formación de la personalidad de su hijo. Para los padres el periodo entre los catorce y los veinticuatro meses es casi siempre el más difícil y se puede prolongar hasta los tres años de edad, aun en el caso de que el desarrollo de los hijos sea óptimo; los niños de desarrollo insuficiente tienden a ser más difíciles en el tercer año. En este tiempo los padres dan los toques finales a la personalidad básica de su hijo, y están en condiciones de hacerlo incluso si no se dan cuenta de ello.

Lo más relevante para la vida social de un niño en el periodo de los siete y medio a los catorce meses es descubrir y analizar con detalle los efectos de su conducta en los adultos más significativos para él. Este interés se modifica a los catorce meses. Ahora, el propósito esencial de sus interacciones sociales es "experimentar con la autoridad". La principal actividad que le permiten determinar (con prodigiosa precisión) de cuánta autoridad y poder dispone en todas y cada una de las numerosas circunstancias de su vida es la de "poner a prueba" todo. Se trata de un proceso muy interesante, que usted podrá advertir mejor si es capaz de no mezclar sus emociones, lo cual es ciertamente muy difícil cuando se participa en una situación. Mi posición en este sentido suele ser más cómoda que la de los padres para apreciar el desenvolvimiento de este proceso.

No he podido olvidar aquella vez en la que Charles, un astuto niño de diecinueve meses, se volvió para ver rápidamente a su madre y saber si lo miraba, luego se deslizó velozmente de la cocina a la sala. En el trayecto, todavía miró dos o tres veces para comprobar si se le vigilaba, y una vez confirmado corrió a la mesita de centro, se montó en ella, giró para quedar frente a su madre, quien se aproximaba, y saltó repetidamente, sin dejar de mirarla para saber qué efecto tendrían sus acciones. Alguien podría afirmar que esta conducta es producto de una malformación genética, pero estaría en un error, pues se trata de una conducta representativa de los niños entre los dieciséis y los treinta meses.

Uno de los hechos más emocionantes derivado de la afanosa búsqueda de información sobre el poder interpersonal de los niños es la aparición de la conciencia del yo, la cual comienza a surgir entre los catorce y los dieciséis meses. Debemos este dato a Jean Piaget. En los niños que empiezan a hablar antes que el promedio es muy fácil confirmar la presencia de este nuevo avance de la actividad mental. Dos signos inconfundibles permiten comprobar que el sentido de la identidad ha emergido. El primero es el uso del pronombre posesivo, acompañado generalmente por la palabra "no", como en la expresión "No, mío" dicha cuando, por ejemplo, a un niño de quince meses se le pide que le dé algo a otra persona. El segundo es el uso de la preposición indicativa de posesión junto con el propio nombre y la palabra "no", como en "No, de Shirley". Quizá con algunas razones técnicas podría desmentirse que estas expresiones sean reflejo de un sentido del yo, pero para mí su significado resulta evidente.

Uno de nuestros principales propósitos en las observaciones de los hogares que comenzamos a realizar a fines de la década de los sesenta era identificar todas las actividades que realizaban los niños en su vida cotidiana. Formalizamos entonces el término "autoafirmación" para describir las conductas que aparecen alrededor del año de edad. Con esta expresión solíamos referirnos a aquellos episodios en los cuales los bebés se negaban a obedecer una petición u orden de sus padres. Tal comportamiento parecía ser la oportunidad de ejercitar músculos interpersonales recientemente descubiertos.

Otro de los términos que solíamos utilizar para aludir a estos nuevos hechos era "negativismo". El infante que ha iniciado la etapa negativa comienza a dar muestras de una creciente tendencia a comportarse en forma ingobernable. Pues bien, el sentido del yo, la autoafirmación y el negativismo están íntimamente entrelazados. Este último es muy difícil de soportar. El niño que lo adopta parecería embriagado de poder. Se opondrá tan persistentemente a sus padres que incluso estará dispuesto a rechazar de ellos cosas que le agradan con tal de hacer patente su control de la situación.

Los primeros indicios de negativismo o autoafirmación suelen presentarse pronto, como a las catorce meses, aunque en otros niños aparecen incluso desde uno o dos meses antes, y en otros más cuatro o cinco meses después. Esto quiere decir que en promedio surge entre los quince y dieciséis meses de edad. Claro que muchos bebés ofrecen "avances del próximo estreno" desde fines del primer año de vida. Una vez que emerge, esta tendencia a rechazar obstinadamente hasta las más simples solicitudes de los padres no cesa de crecer en los seis meses siguientes, al grado de que en algunos casos se prolonga hasta bien entrado el tercer año (¡y aun hay casos en que dura más!). El negativismo suele llegar a un punto que revela tanto un impresionante grado de determinación del niño como un impulso irracional. Cuando les preguntamos a padres de niños de veinte meses si su hijo incurre en ciertas conductas con el único objeto de exhibir su poderosa voluntad, la respuesta suele ser "¡Claro que sí!", dicha con énfasis y como en un resuello.

Las dificultades de los padres con niños en pleno negativismo y retadora actitud —cargada siempre de elementos irracionales— pueden llegar a ser tan agudas que se compara esta etapa con la adolescencia. Hasta donde sabemos, para todos los padres este periodo en la vida del bebé resulta muy pesado. No es la mejor época para presiones innecesarias, como la práctica de ir al baño.

En este lapso se dificulta también la aplicación de pruebas psicológicas. La mayoría consiste en preguntas u operaciones muy sencillas, como "¿Me puedes enseñar dónde está el gato?" o "¿Puedes dibujar un círculo?", pero a pesar de que niños y niñas de diecinueve o veinte meses podrían contestarlas a la perfección, suelen resistirse. Por lo general resulta mejor hacer un planteamiento completamente diferente, algo como "Veo que no sabes dónde está el gato, así que pasemos a la siguiente página". Tras una sonrisa evasiva, casi ningún niño de veinte meses dejará pasar la oportunidad de demostrar que uno está en un error.

Las abundantes lecciones sociales para los niños que ya caminan

El periodo de los catorce a los veinticuatro meses es tan emocionante como tenso para todos los involucrados. Es común que para los veintidós o veinticuatro meses los niños dejen de mostrarse irracionales y de poner a prueba la paciencia de sus padres. En caso de ser así, las consecuencias son maravillosas, y no exagero. Sin embargo, los niños no nacen con garantía. Su desarrollo es en buena medida asunto suyo. Hay niños que para los dos años ya son un desastre. Quizá el motivo por el cual usted esté leyendo este libro es que conoce a niños así y no querría que sus hijos corrieran el riesgo de ser como ellos.

Durante este periodo especialmente formativo, los niños siguen midiendo qué tan valiosos son para su familia. Se darán cuenta si sus necesidades son permanentemente satisfechas y aprenderán muchas cosas de las personas más importantes en su vida, sobre todo las relativas al poder y la autoridad. Por lo general intentarán inmiscuirse en estos terrenos con cada adulto por separado: su madre, su padre y cualquier otra persona mayor con quien convivan diariamente. En la mayoría de los casos, el aprendizaje de estos asuntos en relación con la madre será el más importante, así como el más prolongado, pudiendo extenderse hasta el tercer año. Si el padre participa activamente en la vida del niño, su presencia adquirirá en este periodo una significación mayor que en los anteriores. No obstante, hasta ahora ha sido imposible determinar si su importancia para el hijo llega a ser igual a la de la madre.

¿Qué puede fallar?

Puedo afirmar con toda certeza que, aun en caso de que el crecimiento del bebé marche magníficamente, el periodo de desarrollo durante este periodo es el más difícil tanto para los padres como para los niños. Si las cosas han marchado mal hasta entonces, las dificultades serán no sólo más agudas, sino también más prolongadas. El peor momento suele llegar aproximadamente a los treinta meses, pero si para entonces el niño ha sido objeto de las más generosas complacencias, lo más probable es que siga causando penas y problemas a su familia durante mucho tiempo.

Aunque los padres ahora tienen que vérselas con un niño cada vez más rebelde e irracional, deben seguir atentos a la protección de su hijo contra riesgos de caídas o envenenamiento accidental, los que sin embargo se reducen conforme el bebé se acerca a los dos años de edad. Lamentablemente, si el niño no ha recibido hasta ese momento una buena educación, a partir de esta fecha no pasará mes sin que cometa acciones cada vez más terribles.

Si el bebé alcanza los catorce meses con éxitos en sus permanentes reclamos y quejumbres, las perspectivas para los siguientes diez a dieciséis meses no serán alentadoras. En las semanas posteriores a los catorce meses, el negativismo y la autoafirmación no tardan en surgir. Se presenta de manera más agresiva e intensa en niños en condiciones como las descritas que en aquellos otros que hasta este momento se han desarrollado satisfactoriamente. De cualquier modo, la guerra ha comenzado, como viene a confirmarlo la aparición de otro signo clásico de hostilidades: la "puesta a prueba".

Hace poco más de un año fui a visitar a una familia integrada por los padres y un bebé de veintiún meses. Los niños de esta edad suelen demandar la atención de sus padres en todo momento (en caso de encontrarlos cerca), sobre todo si hasta entonces han recibido toda suerte de mimos y concesiones. De ser así, les desagrada en particular que sus padres sostengan conversaciones con otras personas. Henry se hallaba precisamente en este caso. Tras haber decidido, luego de esperar alrededor de diez minutos, que no estaba siendo suficientemente atendido, comenzó a recorrer la sala con la mirada fija en su padre. Caminó unos tres metros y medio hacia una enorme planta de piso. Era una planta majestuosa, que a sus padres les encantaba. De pronto, el niño alargó su brazo derecho en dirección a la maceta; su padre mantenía una expresión seria, aunque no estaba completamente atento a las acciones del bebé. Henry tomó una de las hojas y, lenta y deliberadamente, la arrugó entre sus dedos índice y pulgar. No la arrancó; sólo la arrugó. En ese instante, su padre exclamó: "¡No, Henry!", inmediatamente después el rostro del niño se encendió con una espléndida sonrisa. Se observaba penosamente que aquélla no era la primera vez que Henry se acercaba a la planta con turbias intenciones; quizá incluso era la quincuagésima. Era como si Henry hubiera memorizado a su padre cual a un libro.

La estudiada conducta de Henry ilustra con claridad varios aspectos de su desarrollo. Es evidente que para entonces ya había adquirido un insaciable apetito por la atención de sus padres. En comparación con la necesidad de atención de los niños de óptimo desarrollo de su edad, la suya era desmedida, aunque propia de un bebé de veintiún meses excesivamente consentido. Obviamente sabía que si incurría en actos prohibidos anteriormente, obtendría la anhelada atención de sus padres, y además de inmediato. Su conducta demuestra también la incapacidad de su padre para controlarlo. Su madre, por su parte, era más ineficaz aún en este sentido, lo cual complicaba la situación más de lo normal.

Puedo asegurar que incluso si usted ha realizado una labor impecable durante los primeros catorce meses de vida de su bebé no se librará de por lo menos seis meses de pruebas y "experimentaciones con el poder interpersonal" por parte de su hijo. Todo indica que este difícil proceso es indispensable para el desarrollo humano temprano, o cuando menos así lo fue en las muchas familias estudiadas. Esto significa que es inevitable enfrentar tensiones en el proceso de socialización del periodo entre los catorce y los veintidós meses. No obstante, está claro que los padres siempre están en condiciones de controlar la duración de este inevitable e inquietante paso a fin de no prolongarse más allá de los seis u ocho meses, o de lo contrario deberán resignarse a más intensos y extensos enfrentamientos con su hijo. La imposibilidad de salvar las fuertes tensiones de estos meses es uno de los motivos por los cuales recomendamos a los padres no pasar todo el tiempo al lado de sus hijos durante el segundo año.

La aparición de la capacidad de abusar
Durante el periodo de los catorce a los veinticuatro meses, y sobre todo cuando el niño se acerca al fin del segundo año de vida, los bebés muy consentidos que no han sido enseñados a respetar los derechos de sus padres suelen desarrollar un estilo tiránico o abusivo.

Sonya crecía espléndidamente. A lo largo de sus primeros dieciocho meses todo había marchado casi a la perfección, salvo en el sueño. Solía quejarse cuando se le acostaba para la siesta, lo que por supuesto desagradaba a su madre, aunque no ocurría con tanta frecuencia como para representar un problema serio. A pesar de ello, nos pareció que esta manía era reflejo de una marcada tendencia de la niña a darse demasiada importancia. Su llanto en estas circunstancias solía ser más bien vigoroso. Estábamos dispuestos a ayudarle a la madre a resolver este problema, pero sabíamos que no sería fácil.

La madre de Sonya se había acostumbrado a estar al tanto de la niña mediante un aparato de registro de los ruidos de su recámara, el cual ponía siempre a todo volumen. Así, cada vez que la nena se quejaba, el ruido retumbaba en toda la casa. La convencimos de bajarle el volumen, consultar su reloj cuando Sonya comenzara a quejarse y aguardar cinco minutos para reaccionar. Comenzó a ser normal entonces que luego de sólo tres minutos, que para aquella angustiada señora equivalían al menos a diez, Sonya volviera a dormirse. Hasta ahí, todo iba bien.

Pero en las siguientes semanas a la niña le dio por despertar a las dos o tres de la mañana y por negarse a volver a dormir a menos de ser trasladada a la cama de sus padres. No es raro que niños que durante su primer año y medio no han dado problemas con el sueño comiencen a darlos, lo cual no resulta nada grato. Aunque Sonya era encantadora y menudita, en ocasiones como ésta se volvía sumamente exigente. Las numerosas explicaciones no rendían efecto alguno. Se limitaba a llorar a voz en cuello durante media hora, o incluso más tiempo, hasta que a sus padres no les quedaba más que ceder y llevarla consigo. Muy pronto, la costumbre de despertar a las dos o tres de la mañana y llorar hasta que sus deseos fuesen cumplidos se convirtió en un ritual. A sus padres aquello no les hacía ninguna gracia, pero no creían poder remediarlo, a pesar de que desde el nacimiento de su hija habían asistido a nuestro curso de "Los nuevos padres como maestros", recibido regularmente la visita de nuestros expertos y escuchado nuestras recomendaciones. Sin embargo, bien sabemos que la mayoría de los padres se resisten a aplicar con rigor nuestros consejos de ser firmes.

Luego de cuatro semanas de instituida esta costumbre, Sonya llegó al extremo. Comenzó a despertar, en la cama de sus padres, a las cinco de la mañana, con deseo de tomar jugo de manzana. Agua, no. Jugo de naranja, tampoco. Pero una madrugada resultó que no había en casa ni una gota de jugo de manzana; Sonya se puso inconsolable. Tenía que ser precisamente jugo de manzana. Esta situación convenció por fin a sus padres de que la niña abusaba de ellos. Con nuestra ayuda consiguieron arrancarle esa costumbre, lo cual no fue nada fácil. Los niños de diecinueve meses son ya, natu-ralmente, mucho menos dóciles que los de nueve.

Como Piaget señaló, la intensidad y amplitud de la curiosidad de los niños, sobre todo de quienes se encuentran entre los siete y medio y los veintidós meses, es verdaderamente pasmosa. Entre los siete y medio y los catorce meses, los niños acumulan una gran cantidad de conocimientos sobre los efectos de su conducta en los adultos más significativos para ellos. Cuando se dan cuenta de que apretar los anteojos de papá contra la nariz de éste despierta siempre una reacción enérgica, almacenan cuidadosamente esta información, como almacenan también la alegría de sus padres cuando los ven bailar al son de la música. Su minucioso registro de las reacciones de sus padres a su comportamiento, así como ante otras circunstancias, sólo puede compararse con el conocimiento que los propios padres adquirieron acerca de la mejor forma de confortar a su hijo durante sus tres o cuatro primeros meses de vida.

Los niños expertos en el manejo de sus quejas para los trece o catorce meses de edad han aprendido que tal recurso es infalible para obtener lo deseado. Así pues, han iniciado una trayectoria de desarrollo social sumamente penosa para quienes conviven con ellos durante los catorce a los treinta meses.

Tres consecuencias importantes de la socialización deficiente durante el periodo de los siete y medio a los veintidós meses

Si, al cumplir los dos años de edad, un niño está mal educado, los problemas serán graves e innumerables. El primero de ellos es que será una persona muy difícil de tratar, lo que tendrá abundantes efectos desagradables en la vida de la familia.

La segunda consecuencia es que tal niño no sólo será exigente y egoísta, sino también desdichado. Su costumbre de quejarse se volverá crónica. Claro que disfrutará de momentos agradables, especialmente cuando sea el centro de atracción, pero con mayor frecuencia adoptará actitudes muy exigentes, impacientes y despectivas, por lo cual la gente se alejará de él. Si alguno de los padres pasa con este niño la mayor parte del tiempo, sus tensiones serán mayúsculas. Por el contrario, los niños de dos años con una buena educación suelen ser muy felices y demostrarlo casi todo el tiempo. Desde que se levantan hasta que se acuestan, convivir con ellos es una delicia. Créame; es la verdad.

El tercer problema tiene que ver con la relación de los niños con otros de su misma edad. Los niños que no han dejado de batallar con sus padres por cuestiones de autoridad no están debidamente capacitados para hacer amistad con personas de su edad. ¿A quién le gustaría jugar con alguien que llora mucho, que pega, que nunca está dispuesto a compartir y que se muestra insatisfecho casi todo el tiempo? Si para los veinticuatro meses de edad un niño no ha aprendido a respetar la autoridad de sus padres, sus enfrentamientos con ellos serán cada vez peores en los meses siguientes.

Cuando, en cambio, el desarrollo social sigue el curso debido durante los dos primeros años de vida, los niños inician la exploración del mundo de los niños de su misma edad con la mejor disposición social imaginable, pues para entonces habrán resuelto las principales dificultades de trato con sus padres. El interés por niños de su edad es por supuesto anterior a esta fecha, pero no diferente al que tendrían por una tortuga: es un interés verdadero, pero carente de contenido social.

Cómo guiar a su hijo por la etapa de desarrollo social más difícil: de los catorce a los veintidós meses

Si, además de haber adoptado un estilo de paternidad/maternidad eficaz, ha tenido usted buena suerte, al llegar a los catorce meses de edad su bebé no sólo será encantador, sino también sumamente divertido. Este tan correcto niño no sólo habrá aprendido a aceptar la autoridad de sus padres, sino que además será obviamente más dichoso que los niños sistemáticamente consentidos, y por lo tanto mal educados. La diferencia entre una familia cuyo bebé de catorce meses se ha convertido en un pequeño tirano y aquella otra cuyo hijo de la misma edad ha aprendido que cuando su madre dice "no" es que "no", resulta absolutamente innegable. En este último caso, no faltará ocasión en que el bebé ponga a prueba la autoridad de sus padres, pero lo hará muy poco, y cada vez menos.

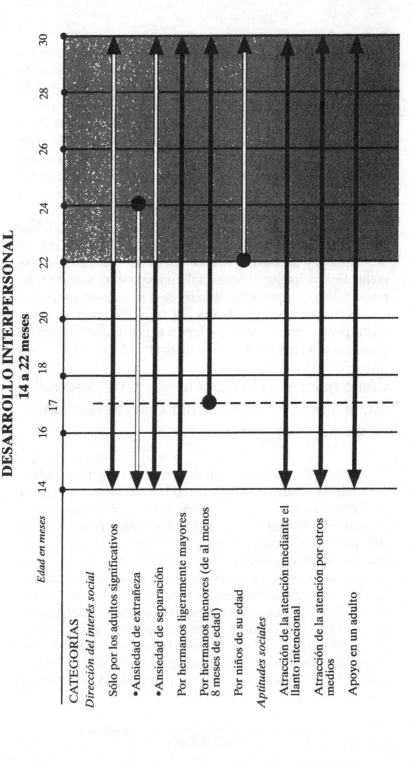

DESARROLLO INTERPERSONAL
14 a 22 meses

Edad en meses

CATEGORÍAS

Dirección del interés social

Sólo por los adultos significativos

• Ansiedad de extrañeza

• Ansiedad de separación

Por hermanos ligeramente mayores

Por hermanos menores (de al menos 8 meses de edad)

Por niños de su edad

Aptitudes sociales

Atracción de la atención mediante el llanto intencional

Atracción de la atención por otros medios

Apoyo en un adulto

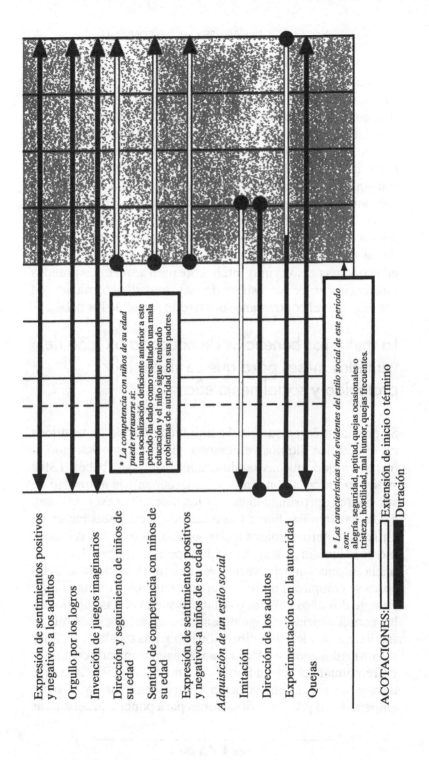

Expresión de sentimientos positivos y negativos a los adultos

Orgullo por los logros

Invención de juegos imaginarios

Dirección y seguimiento de niños de su edad

Sentido de competencia con niños de su edad

Expresión de sentimientos positivos y negativos a niños de su edad

Adquisición de un estilo social

Imitación

Dirección de los adultos

Experimentación con la autoridad

Quejas

* *La competencia con niños de su edad puede retrasarse si:*
una socialización deficiente anterior a este periodo ha dado como resultado una mala educación y el niño sigue teniendo problemas de autridad con sus padres.

* *Las características más evidentes del estilo social de este periodo son:*
alegría, seguridad, aptitud, quejas ocasionales o tristeza, hostilidad, mal humor, quejas frecuentes.

ACOTACIONES: ☐ Extensión de inicio o término

▬ Duración

He conocido muchos casos de niños de catorce meses a tal grado consentidos que complican enormemente la vida de todos, e incluso la suya. No han aprendido a vencer la frustración, como queda de manifiesto en que sus quejas pronto se convierten en auténticos gritos y más tarde en ruidosos llantos acompañados de abundantes lágrimas. Es obvio que ningún bebé disfruta este comportamiento, y por esta razón creo que estas circunstancias deben evitarse por completo. Si, como mis colaboradores y yo, usted hubiese tenido el privilegio de observar mes tras mes a cientos de niños, estoy seguro de que habría comprobado que la complacencia excesiva es la causa de las desdichas de muchos infantes. No se necesita ser un genio ni una persona muy inteligente para advertir las grandes diferencias entre los estilos de paternidad/maternidad en relación con el contrastante desarrollo social de los bebés.

La meta: Los beneficios de educar a un niño de veintidós meses para que se sienta feliz, protegido y socialmente eficaz

Se preguntará por qué elegí como meta la edad de veintidós meses. En los últimos veinticinco años hemos observado la forma en que muchas familias educaron a sus bebés. Éstos suelen empezar a poner a prueba seriamente la autoridad de sus padres aproximadamente a los dieciséis meses de edad. Todas las familias han pasado cuando menos seis meses de enfrentamientos debidos a este asunto. Si para los veintidós meses la familia ha sido capaz de superar estos problemas, se inicia entonces una nueva fase verdaderamente celestial. Si las cosas se complican un poco pero de cualquier forma el niño cumple dos años habiendo dejado resueltas estas cuestiones, las consecuencias son igualmente positivas; digamos que la familia ha sacado 9 de calificación sobre una escala de 10. Pero si para los dos años de edad los padres siguen teniendo continuos enfrentamientos con su hijo; si éste no es de fiar cuando se le lleva a un restaurante o a un centro comercial, y si sigue empeñado en provocar situaciones para poner a prueba a sus padres, lo menos que se puede decir es que están en problemas. Si esta situación persiste cuando el niño tiene entre veintiséis y veintiocho meses, tales problemas se multiplicarán hasta el infinito, de modo que en los meses siguientes tendrán que vérselas con un ser aferrado a conductas propias de los "terribles dos años", como los berrinches permanentes, sobre todo en lugares públicos, y frustraciones tan constantes que los adultos no hallarán ningún placer en ser padres, y el niño tampoco en ser hijo.

Tal como se desprende de la obra clásica de Piaget, la habilidad de pensar —de efectuar procedimientos mentales complejos que implican el manejo de ideas, la reflexión, el análisis de opciones y la elaboración de juicios— aparece en algún momento entre el año y medio y los dos años de edad. No deja de llamar la atención que una de las primeras señales claras de que esta nueva y prodigiosa habilidad se encuentra en funciones es el surgimiento de las mentiras.

Uno de los episodios de nuestra serie de video es protagonizado por una niña de veintitrés meses llamada Tina, quien aparece arrodillada en una silla del antecomedor de su casa acompañada por sus padres, a sus lados. Es una niña muy inteligente, y le encanta atraer la atención. Frente a ella se encuentra una jarra que contiene leche, mientras que, a un costado, lucen unas magníficas donas. Es evidente que la familia está pasando un momento muy agradable con los gracejos de la niña, habilidad que domina a la perfección. En su corta vida ha tenido oportunidad de convivir con muchas personas, tanto parientes suyos como simples conocidos, y todas no han dejado de decirle (muchas veces) que es una niña muy linda. Para mantener los reflectores fijos sobre ella, Tina toma de pronto una cuchara y un cuchillo y los eleva por encima de su cabeza mientras se vuelve hacia su madre (en busca de su reacción). Alterada por el giro de la situación, su madre le dice: "Ya está bien, Tina; dame eso. Los voy a poner en el fregadero", a lo que la niña, sin dejar de mirarla, le responde: "No, de Tina." Da a entender de esta manera, mediante un recurso clásico, que está claramente consciente de estar haciendo uso de su poder personal para afirmar sus derechos contra los de su madre (lo que, por lo demás, también da muestra de su negativismo). Su madre pretende entonces arrebatarle los cubiertos, pero al tratar de esquivarla, Tina derrama la jarra de leche, la mesa se empapa y algunas donas se mojan por completo. Su madre exclama, insensatamente: "¡Ay!", y corre de inmediato por una toalla de papel para secar la mesa. Sin variar su posición sobre la silla, Tina sigue cuidadosamente el procedimiento. Transcurridos unos segundos, el padre dice: "¡Qué maravilla, niña! Estuviste genial." Tras otros cinco segundos, añade, en tono jocosamente serio: "¿Quién hizo esto? ¿Lo hizo Tina?" Nueva pausa de cinco segundos, y entonces es Tina la que, con la cabeza gacha en señal de culpa, voz baja y rostro severo, dice: "Yo no fui, fue Lisa", la hermana mayor. Los engranajes de su cabecita de veintitrés meses se han movido para atinar a dar tal respuesta. Ésta es sólo una de las muchas maneras en que los niños demuestran ser criaturas pensantes sin haber cumplido todavía los dos años de edad.

Junto con esta nueva capacidad de crear ideas originales (en este caso, inventar una mentira para eludir la responsabilidad de un acto reprensible), los niños y niñas de veintitrés meses de edad han recorrido un largo camino en lo que se refiere a la expresión verbal. Aunque incluso entre los niños correctamente desarrollados existen excepciones, la gran mayoría de los ni;os comienza a hablar poco antes de cumplir los dos años.

Si usted ha hecho un buen trabajo de socialización durante los primeros veintidós meses de edad de su niño, imagínese las satisfacciones que le esperan. Su hijo será una persona razonable, en ocasiones hasta reflexiva, capaz de crear sus ideas y de expresarlas, también de conversar con usted y, finalmente, hasta de mostrar un excelente sentido del humor. Se asombrará de que tantas cosas quepan en la pequeña cabeza de su hijo.

Ésta es apenas parte de su recompensa por su excelente labor, por haber tenido la determinación y disposición necesarias para permitir que su hijo llorara sólo de vez en cuando en el periodo de los siete y medio a los veintidós meses a fin de fijar los límites adecuados.

Otra de las importantes consecuencias de haber alcanzado esta meta a los veintidós meses es que su hijo estará preparado para hacer amistad con niños de su edad. A los niños de entre dieciocho y diecinueve meses los hace muy felices convivir con niños de cuatro, cinco y seis años. Éstos suelen portarse extraordinariamente bien con ellos, si bien no por periodos largos. Pero ponga a alguno de estos bebés a convivir con niños de su edad y verá los resultados. Los niños de dieciocho meses no conviven agradablemente entre sí. Puede ocurrir que dos niños de dieciocho meses muy correctos, maduros, tranquilos y no agresivos jueguen felizmente, pero tenga por seguro que será una excepción y de ninguna manera la regla.

Los niños de veinticuatro meses que han tenido excesivas complacencias no suelen interesarse en hacer amistad con otros niños. Además, por lo general a éstos no les agrada su compañía. En cambio, los niños de veintidós meses desarrollados óptimamente en lo social establecerán magníficas relaciones con niños de su edad igualmente desarrollados, lo mismo que con niños mayores.

Otro de los motivos de que valga la pena esforzarse por alcanzar esta meta es que sus efectos suelen ser particularmente positivos cuando hay otro bebé en la familia o está en camino. En casos de diferencia de edad menor a tres años, la rivalidad entre los hermanos se convierte en el mayor problema para los padres. Las dificultades comienzan cuando el niño menor empieza a gatear, alrededor de los siete y medio meses. Si para entonces el niño de dos años no ha recibido la educación adecuada, se convertirá en una amenaza permanente para su hermanito de ocho o nueve meses, en quien siempre verá a un competidor. Hay que reconocer, sin embargo, que incluso para los niños de veintidós meses debidamente desarrollados esta desigual competencia resulta muy poco atractiva.

Éstas son, pues, algunas de las razones por las que usted debe empeñarse en evitar educar mal a su hijo en el periodo de los catorce a los veinticuatro meses. Aproveche la magnífica oportunidad de poner los toques finales en la personalidad de su hijo, que cristalizará de un momento a otro. No olvide que todos los padres son capaces de hacerlo.

Cómo educar a su hijo para hacer de él un maravilloso niño de veintidós meses

Las siguientes recomendaciones son sumamente eficaces. Lo serán más si ambos padres las conocen y cooperan entre sí en su aplicación. Seguirlas implica determinación, energía y perseverancia. Sin embargo, los ocho o diez meses que tiene frente a sí son muy especiales. Su enorme influencia en la formación de su hijo alcanza su máximo nivel en este breve periodo.

Para los niños de catorce a veinticuatro meses de edad, el ejercicio de su naciente autoridad se vuelve cada vez más importante. En consecuencia, los padres deben darles la oportunidad de ejercer esta nueva habilidad en formas socialmente aceptables, y esto significa que tendrán que hacerlo dentro de ciertos límites. A los niños de dieciocho o diecinueve meses, por ejemplo, les gusta mucho elegir la ropa que van a ponerse. Si usted sabe que a su hijo le encantará decirle lo que quiere vestir, podrá separar de antemano dos o tres camisas o pares de calcetines para darle a escoger. No se sorprenda, sin embargo, si rechaza los tres juegos, junto con todos los propuestos después. En esta etapa de desarrollo, la oportunidad de controlar la conducta de los padres representa para un niño mucho más que el color de unos calcetines. De ahí que más de un padre o madre de un bebé de veinte meses deba dedicar entre quince y veinte minutos a vestirlo, y a pesar de ello muchas veces no se percata de que lo que está en juego para su hijo no es la moda, sino la autoridad.

Experimentación con la autoridad
Si la fijación de límites va por buen camino y el bebé de doce meses está aprendiendo que tiene derecho a insistir en hacer su voluntad pero que sus padres también lo tienen a fijar ciertos límites, este proceso seguirá su curso, aunque bajo condiciones diferentes. Este niño seguirá poniendo a prueba la conducta de sus padres, e incluso cada vez con mayor frecuencia, pero por lo general lo hará con la intención de aprender qué está permitido y qué no lo está, no con la de

obligar a que se le ponga atención. Simplemente no está seguro de cómo procederán sus padres si se detiene a examinar otra habitación o el trapo de secar los trastes o la aspiradora.

Necesita aprender cómo reacciona cada uno de sus padres a las muchas acciones y situaciones en las que se encuentra y emprende cada día.

Cuando inicia el periodo de los catorce a los dieciséis meses, el propósito de sus pruebas al comportamiento de sus padres cambia radicalmente. Ya no se trata de conocer sus reacciones; eso ya ha quedado atrás. Ahora se trata de hacer lo que sabe que sus padres desaprueban para medir hasta dónde llega su autoridad y poder. En otras palabras, más allá de que usted haya hecho una labor excelente, no podrá evitar del todo que su hijo lo ponga a prueba para experimentar con su autoridad. A esto se debe que al periodo de los catorce a los veintidós meses le llamemos también "anticipación de la adolescencia".

Si todo marcha bien, su hijo dejará de ponerlo a prueba casi por completo durante su vigésimo mes. Si usted ha hecho un trabajo impecable, las pruebas prácticamente desaparecerán cuando cumpla veintidós meses. Si desaparecen a los veinticuatro, su labor habrá sido de primera.

Cuando el proceso no marcha del todo bien, no sólo las pruebas no disminuyen a partir del vigésimo mes, sino que, por el contrario, aumentan, lo cual no es de ninguna manera un buen signo. Las pruebas comienzan a adquirir un tono particularmente desagradable. Se vuelven atormentadoras. Parecería que los niños consentidos de entre dos y tres años de edad gozaran haciendo una tras otra las cosas que saben son desaprobadas por sus padres, a fin de molestarlos. Esta situación es tan incómoda que vale la pena hacer todo lo posible por evitarla.

A sus dieciocho meses de edad, Christiana había venido desarrollándose de forma excelente, pero de cualquier forma le intrigaba saber de cuánto poder disponía en su casa. Un día, su madre y ella estaban sentadas en el suelo de la cocina, una frente a la otra; mientras su madre pelaba zanahorias, ella comía cereal en un tazón de plástico. Comió primero una pequeña ración, luego una mucho más grande, y después comenzó a sacar uno por uno todos los cereales y a dejarlos caer sobre el suelo, lenta y deliberadamente. Al tirar cada pieza, se volvía hacia su madre para comprobar que la estuviese viendo. Su madre le dijo entonces que no tirara el cereal al suelo y recogiera el que había tirado. Sin embargo, la niña la ignoró y siguió tirando el cereal, pieza por pieza, mientras continuaba con el estudio del rosto de su madre. Tras de decirle por segunda vez, con un tono de voz tranquilo pero serio, que recogiera el cereal, la madre presenció el acto mediante el que Christiana volteó sobre el suelo el tazón entero. Era demasiado. Se trataba claramente de un enfrentamiento de voluntades.

Christiana salió de la habitación, dejando sola a su madre en el suelo frente al cereal derramado y el tazón vacío. Volvió cinco segundos después cargando un libro, que de inmediato le pidió a su mamá le leyera, actividad que ella siempre promovía. Siguiendo nuestras recomendaciones, la madre se negó a leer y le dijo a la niña: "Recoge el cereal." Christiana la miró y se retiró. Volvió poco después con otro libro. Su madre seguía en el suelo frente al cereal. Volvió a negarse a leer, en esta ocasión el episodio se prolongó unos diez minutos. Finalmente, la niña regresó, se sentó y recogió el tazón y el cereal. Esto es un buen estilo de paternidad/maternidad.

Si Christiana hubiera adoptado el hábito de comportarse de esta manera casi todos los días, su conducta habría merecido un castigo, pero no era el caso, sino simplemente un ejemplo obvio de "experimentación con la autoridad". Con todo, no es raro que los niños y niñas de diecinueve o veinte meses incurran en este tipo de conductas en forma regular, lo cual no debe tolerarse. Es común que los bebés de esta edad embarren comida en alguna parte, les lancen objetos a sus padres o incluso los golpeen en la cara, una auténtica provocación que los padres no deben dejar pasar. En esta época tan especial los niños están expuestos a adquirir muchas conductas antisociales. ¿Qué hacer ante ello?

Impedimento de cercanía: Una forma humana de control de niños de catorce a veintidós meses
Al referirme al periodo de los siete y medio a los catorce meses, aludí a un método para desalentar la adopción de malos

hábitos basado en la inmovilización. Tal método de castigo se nos ocurrió después de descubrir que a todos los bebés de entre diez y catorce meses les desagrada mucho se les fuerce a mantenerse quietos, sobre todo durante el cambio de pañal. De igual forma, para el periodo de los catorce a los veintidós meses solemos recomendar un mecanismo de control basado en lo que les desagrada a los niños en esta etapa de desarrollo. Lo llamamos "impedimento de cercanía", es decir, prohibir a su hijo que se acerque a usted.

De los catorce a los veintidós meses, los niños necesitan pasar mucho tiempo cerca de las personas especiales para ellos, más que seis meses antes o un año después. Es costumbre que los niños de dieciocho meses tengan acceso inmediato a sus padres en caso de hallarse cerca. Impedir tal acercamiento pone de manifiesto lo importante que éste es para el niño en este periodo.

Si entre los catorce y los veinticuatro meses su hijo o hija adopta una conducta intolerable, le aconsejo hacer lo siguiente. Disponga una recámara de tal forma que todas las puertas, menos una, queden cerradas y consiga una tabla mediana que pueda ser instalada de inmediato en la puerta abierta; la cocina es ideal para ello. Si, con la intención de poner a prueba su autoridad, su hijo hace algo que a usted le parece demasiado, déle una segunda oportunidad de detenerse, como para indicar que quizá no lo entendió o escuchó la primera vez (aunque, para esta edad, lo más probable es que el mensaje haya sido escuchado y comprendido). Así pues, repita el mensaje una vez, pero sólo una vez. Si su hijo persiste, instale la tabla, cargue a su hijo y bájelo al otro lado de la tabla mientras le dice, en palabras sencillas, que lo está colocando ahí por haber tirado la comida del perro, golpeado la ventana o lo que se trate. En tales condiciones, su hijo podrá verlo, pero no acercarse a usted.

La mayoría de los niños de catorce a veinticuatro meses suelen reaccionar de la misma manera en estas circunstancias: primero se quejarán y después llorarán. A los bebés de esta edad les desagrada en extremo se les impida el acercamiento a sus padres. Uno pensaría que en tal situación se limitarían a volverse y buscarían cualquier cosa para entretenerse, lo cual ciertamente puede ocurrir (sobre todo en las primeras fases de la etapa de catorce a veinticuatro meses), aunque no es común. Tenderán más bien acercarse a la tabla y mostrarse tristes ante sus padres.

Consulte en ese momento su reloj. A partir del momento en que su hijo comience a quejarse, permita que transcurran entre veinte y treinta segundos de castigo. Concluido ese lapso, acérquese a él. Una vez que compruebe que se ha tranquilizado un poco, dígale algo como "Vamos a regresar a tu cuarto, pero si vuelves a pegar en la ventana con tus juguetes te traigo de nuevo aquí." Tras cinco o seis episodios de esta naturaleza su hijo temerá tanto la sola vista de la tabla que con sólo mostrársela obtendrá usted el efecto deseado.

En ciertas condiciones, sin embargo, es imposible utilizar una tabla. Puede ser que las habitaciones de su casa estén conectadas entre sí en un solo piso abierto. En tal caso, a la madre inteligente cuyo hijo de dieciséis meses no cese de tirar comida desde su silla le bastará con darle la espalda y decirle que no se volverá hasta que deje de hacerlo. Funciona.

Incluso puede ocurrir que sea suficiente con meter un rato al niño a su corralito (del que habitualmente no podrá salir si aún es menor de veinte meses). Lo que importa destacar aquí es que el impedimento del acceso inmediato a las personas significativas para el bebé suele ser muy eficaz durante la segunda mitad del segundo año de vida.

Para fines de ese mismo año podrá usted comenzar a utilizar métodos de control más racionales, pues hacia esa época la mayoría de los bebés empiezan a ser capaces, por vez primera, de considerar opciones. Si su hijo ya tiene dos años y sigue comportándose en ocasiones en forma inaceptable, explíquele con palabras sencillas que si sigue desobedeciéndole no le permitirá jugar con su juguete favorito el resto del día. Lo más probable, sobre todo si en casos anteriores usted ha cumplido sus amenazas, es que el niño se detenga unos instantes, considere las consecuencias y acepte lo solicitado. Este llamado a la razón no es infalible, sobre todo con bebés de dieciocho meses, cuyo estilo sigue basándose en la irracionalidad.

Impedimento de cercanía contra "tiempo fuera"
En los últimos quince años, en los círculos de educación para padres ha prosperado el concepto de "tiempo fuera". Todo indica que se trata de la ampliación de ciertas prácticas muy socorridas entre instructores de guarderías en su trato con niños de entre dos y medio y cinco años. En el contexto de una guardería, con la necesidad de que los instructores mantengan el control, resulta relativamente razonable contar con una silla un tanto aislada para enviar durante cierto lapso a un niño que no se está portando bien.

A lo largo de la década de los setenta esta práctica se generalizó, a propósito tanto del establecimiento de un mayor número de guarderías como de nuevos centros de educación para padres.

Algunas personas han tenido éxito en la aplicación del "tiempo fuera". En cierto sentido, confinar a un niño a la cocina detrás de una tabla es obligarlo a tomar "tiempo fuera". Sin embargo, entre ambas técnicas existe una gran diferencia. El "tiempo fuera", que podría consistir simplemente en colocar a un bebé en su corralito o encerrarlo en su recámara, representa no sólo impedimento de cercanía, sino también confinamiento. Si, en cambio, coloca usted a su hijo detrás de una tabla, desde donde puede verlo pero no alcanzarlo, el mensaje es mucho más preciso, pues se centra en la relación entre ustedes. No lo ha encerrado ni aislado; puede desplazarse por una parte de la casa. Al único lugar al cual definitivamente no puede ir es al lado suyo, el punto más importante para todos los niños en esta etapa de desarrollo.

Le advierto que, colocar a su hijo de dieciocho o diecinueve meses en una "silla de tiempo fuera" no le servirá, simplemente porque no estará dispuesto a quedarse ahí. En cuanto usted se voltée, abandonará la silla y volverá a su lado.

Los niños de catorce meses de edad no saben el significado de vivir en familia. Los padres deben enseñárselo. El momento más adecuado para hacerlo es el periodo de los catorce a los veintidós meses. Si usted no se muestra firme en esta etapa y se rinde a los berrinches de su hijo, le estará haciendo saber que si llora con insistencia podrá vencer siempre sus objeciones.

Cuando Sonya no sólo insistió en ser llevada todas las noches a la cama de sus padres a las dos de la mañana, sino que además comenzó a exigir jugo de manzana a las cinco, sus padres idearon un plan con nuestra ayuda. A la primera noche, su padre iría a su recámara cuando la niña comenzara a llorar o la subiría a su cuna en caso de haberse salido de ella para dirigirse a la recámara de sus papás; luego, pondría una tabla en la puerta de la recámara de su hija y se sentaría por fuera en una silla. Le diría entonces que es hora de dormir, y que si no tiene sueño no hay problema, pero debe quedarse en su recámara y él, además, no jugará con ella en ese momento. Su madre haría lo mismo la noche siguiente. Bastó menos de una semana para que Sonya comprendiera.[3]

No lo engaño si le digo que recurrir a estos procedimientos no es fácil. La mayoría de los padres con quienes hemos trabajado han sido personas inteligentes y cariñosas que desean lo mejor para sus hijos. A ninguno le agradaba la idea de convivir con un niño consentido. Al mismo tiempo, sin embargo, no deseaban ver tristes a sus hijos. Cuando las cosas se ponen difíciles, el ansia de no ver triste a un bebé puede pesar más que la consideración de largo plazo; esta última se refiere a que los niños deben aprender a aceptar la existencia de cosas de las cuales no pueden disponer de inmediato y que en ocasiones los derechos de los demás son más importantes que los suyos.

La conservación del equilibrio entre los intereses primarios

En vista de la enorme cantidad de oportunidades con las que cuentan entre los cinco y medio y los catorce meses de edad para satisfacer su curiosidad y ejercitar sus nuevas habilidades motrices, los bebés inician este especial periodo con un perfecto equilibrio entre sus tres principales intereses (curiosidad, actividad motriz y socialización).

El enorme desarrollo que alcanzan los dos intereses primarios no sociales durante los meses anteriores permite evitar la posibilidad de una atención excesiva a los enfrentamientos interpersonales, los cuales por lo tanto tienden a surgir en el periodo de los catorce a los veinticuatro meses, sobre todo en el caso de los primogénitos.

Las grandes posibilidades de los rompecabezas

En este periodo de la vida de su bebé, los rompecabezas pueden ser de gran utilidad. El modelo más sencillo consiste en tres o cuatro piezas, todas ellas con un pequeño manguito que permita levantarlas fácilmente y desplegarlas sobre una tabla de madera de alrededor de 7.5 por 20 centímetros. Antes de los dieciséis meses de edad, su bebé aun no podrá hacer gran cosa con los rompecabezas más simples; los estudiará un poco, pero probablemente les interesará más llevárse las piezas a la boca. No estará aún en condiciones de aprender a colocar las piezas en su lugar.

Aproximadamente los dieciséis meses usted podrá comenzar a enseñarle a armarlos. No obstante, armar rompecabezas no "estimulará" sus habilidades manuales/visuales. Estas habilidades no precisan de ningún estímulo. A pesar de ello, es evidente que si su bebé logra colocar una pieza en la posición correcta, se sentirá muy satisfecho; además, los halagos de usted, motivados por su acierto, harán sentir a su bebé tan orgulloso como competente.

Debe tener mucho cuidado cuando a su hijo comienza a armar rompecabezas, para evitar toda sensación de frustración. Una vez que atraiga su atención, muéstrele lentamente cómo se realiza la colocación correcta de una pieza. Hágalo varias veces. Después, ubique la pieza muy cerca del lugar indicado —es decir, en un grado de 99.5 por ciento de acierto— y déle a su hijo la oportunidad de mover la pieza lo muy poco que le falta para quedar en el sitio correcto. En cuanto lo logre, hágaselo notar con grandes aspavientos. ¡Le encantará! Proceda en esta forma cuantas veces sea necesario. No pasará mucho tiempo antes de que el niño se sienta dichoso con ese juego.

No se sorprenda si, a pesar de lo cerca que está la pieza de su lugar correcto, en lugar de colocarla ahí su hijo la aleje de ese punto. Esto ocurrirá sin duda al principio. Pero si sucede más de dos veces, tal vez el niño empiece a desanimarse.

Al primer indicio de frustración, olvídese del rompecabezas e inicie otra actividad. Ya hará otro intento al día siguiente. La mayoría de los niños entre dieciséis y dieciocho meses cuentan con la capacidad necesaria para armar rompecabezas. Me permito hacerle una sugerencia: cuando descubra que a su hijo le gusta cada vez más jugar con rompecabezas, consiga uno o dos más, adecuados a su nivel de habilidad. Cuando el niño se haya dormido, coloque frente a su cuna uno nuevo. Al despertarse y encontrarlo, lo más probable es que comience a armarlo, en lo cual seguramente se entretendrá hasta media hora, tiempo que lo dejará dormir en paz.

Paternidad/maternidad de medio tiempo
contra la de tiempo completo

En el periodo de los catorce a los veintidós meses, y por razones sobre las que no tienen ningún control, los niños concluyen el proceso de apego con sus padres. Este proceso está íntimamente relacionado con la experimentación de la autoridad, igualmente obligatoria. Estos dos poderosos impulsos básicos son el motivo de que durante la segunda mitad del segundo año de vida, entre el bebé y el adulto más significativo para él —por lo general su madre— se establezca una relación emocional particularmente intensa, que sin embargo puede dar como indeseable resultado una conducta de aferramiento excesivo o de quejas y berrinches cada vez más estridentes. Por todas estas razones (y otras más), ni el padre ni la madre deben permanecer todo el tiempo en casa al lado del bebé durante esta etapa. Es necesario que se alejen de él durante determinados periodos.

Esto no sólo preservará la salud mental de los padres, sino que también permitirá la conservación del equilibrio entre los tres intereses principales del niño: el impulso social, el interés por satisfacer su curiosidad y el disfrute de actividades motrices. A estas alturas resultará muy claro que a partir de los cinco y medio meses es de gran importancia estar atentos al equilibrio de tales intereses primarios a fin de garantizar el exitoso curso de los acontecimientos hasta el segundo aniversario del bebé. Si en la etapa de los cinco y medio a siete y medio meses no tiene largos periodos de aburrimiento, es poco probable que desarrolle excesivas demandas de atención social. Si de los siete y medio a los catorce meses se le brinda la oportunidad de explorar el hogar y por lo tanto no de le confina a un corralito, una cuna o una habitación pequeña, esa libertad de exploración —que implica el acceso hasta a la despensa de la cocina— le permitirá saciar su curiosidad y desenvolver sus intereses motrices. El desarrollo de estos intereses permitirá a su vez el control de la atención del bebé hacia los padres, a fin de que no alcance grados excesivos.

También es muy recomendable que en esta época los padres inscriban a sus hijos en cursos de cualquier clase de ejercicio físico en los que puedan realizar prácticas en compañía de otros niños. Ciertamente los bebés de esta edad no necesitan ejercitarse físicamente, pero estas situaciones les ayudan a desarrollarse mejor, además son muy útiles para liberar las tensiones en la interacción bebé/padres.

Aproveche asimismo el surgimiento en esta etapa del interés por la televisión y los videos. Aunque en algunos bebés esta curiosidad se despierta mucho antes, la mayoría comienzan en este periodo a mostrar atención por lo que ocurre en la pantalla.

Sin embargo, hay padres que prefieren impedir la creación de un hábito por la televisión. Mi opinión al respecto es que el televisor debe ser usado con mesura. Existen videos que suelen ser muy del gusto de los niños de dos años. Si se les permite verlos en dosis limitadas, acumularán nuevos conocimientos sin que se corra el riesgo de ahuyentar su interés por los libros.

Resumen

El periodo de los catorce a los veintidós meses suele ser el más difícil en el proceso de la paternidad/maternidad, pues por más que los padres se hayan esmerado hasta este momento por ofrecer a sus hijos la educación de mayor calidad serán inevitables las tensiones en esta etapa. El motivo es que los padres deberán vérselas con un ser irracional a quien sin embargo aman. Por razones aún no del todo desentrañadas, este ser se ve obligado a llegar a un acuerdo con sus padres referente a los límites de su poder y autoridad y a las reglas de la vida cotidiana de la familia.

Si no se siente satisfecho con los límites fijados por usted, será imposible llegar a un acuerdo razonable con su bebé. Si, a causa de tal insatisfacción, incurre en frecuentes concesiones, tarde o temprano deberá pagar un precio muy alto por ello. Si, en cambio, su bebé aprende la esencial lección de que se le ama mucho y sus necesidades son muy importantes, pero que no se le ama más que a los demás ni sus necesidades son más imporantes que las de los otros, y especialmente las de usted, los resultados serán excelentes. Con la información ofrecida, apoyada en la experiencia con un gran número de familias de los más diversos tipos, dispone usted de la maravillosa oportunidad de ayudarle a su hijo a desarrollarse de la mejor manera posible a fin de poder convertirse en un magnífico niño de dos años de edad. Lograrlo es difícil, por supuesto. No tema pedir ayuda. No piense que solo alcanzará la meta de hacer posible que un niño de entre veintidós y veinticuatro meses viva feliz la mayor parte del tiempo irradiando amor, seguridad, inteligencia, imaginación y humor. Necesitará ayuda y deberá hacer grandes esfuerzos, pero ¿no le parece que vale la pena?

Signos del inicio de una nueva etapa de desarrollo social

La conducta negativista puede surgir en cualquier momento entre los catorce y dieciocho meses de edad. Por su parte, la siguiente etapa de desarrollo social puede empezar pronto, como a los veintidós meses, aunque lo común es que se inicie hacia los veinticuatro, y aun después. La razón es que la siguiente etapa comienza cuando el niño deja de poner a prueba la autoridad de sus padres y empieza a interesarse en jugar con niños y niñas de su edad. Si durante los primeros veintidós meses de vida de su hijo usted ha hecho un excelente trabajo de socialización, el nuevo periodo estará lleno de magníficas y emocionantes sorpresas. Las pruebas desaparecerán casi por completo, excepto cuando su hijo se sienta muy cansado, y por lo demás para entonces ya estará conviviendo usted con una persona agradable, racional y de excelente trato. En consecuencia, si su labor como padre ha sido impecable, la nueva etapa no se retardará; pero si las cosas no han marchado del todo bien hasta este momento, las hostilidades propias de los bebés negativos de diecinueve meses se prolongarán durante muchos meses más.

Notas

[1] El fin de este periodo varía de acuerdo con la forma en que los padres manejen los importantes nuevos acontecimientos en la vida de su bebé.

[2] Me permito recordarle al lector que, durante los dos primeros años de vida, los bebés sólo son capaces, en el mejor de los casos, de razonamiento limitado. El hecho de que yo describa de este modo las ideas que parecen estar en la base de su comportamiento social no significa de ningún modo que en realidad los niños de esta edad piensen de esa manera.

[3] Quizá algunas personas consideren que el comportamiento de los padres de Sonya es reprobable. Quienes defienden el uso de la "cama familiar" incluso palidecerán. Sin embargo, a cada padre y madre le corresponde determinar su acuerdo o no con un estilo firme de fijación de límites. Yo, por mi parte, y en razón de las investigaciones realizadas, estoy convencido de que es el único método verdaderamente efectivo para guiar adecuadamente a un bebé durante sus dos primeros años de vida.

CAPÍTULO 5

DE LOS VEINTIDÓS A LOS TREINTA Y SEIS MESES: UN PERIODO DE DICHA INCREÍBLE O DE CRECIENTE TENSIÓN

Desarrollo social normal

Éste es el periodo de la cosecha. Los padres entrarán a una de las etapas más emocionantes y satisfactorias de la paternidad/ maternidad, o se verán en una situación tremendamente difícil. Aunque existen matices, desde siempre me ha impresionado el que los padres obtengan un resultado o el otro, al grado de que las situaciones intermedias son muy escasas. Esto se debe quizá a que los niños de dos años son o bien criaturas absolutamente encantadoras o seres definitivamente insoportables.

Hacia los dos años de edad resulta claro si un niño ha recibido una buena o una mala educación. Para entonces son muy notables las diferencias entre los diversos estilos sociales de los infantes, los cuales se han asentado en forma prácticamente definitiva. Esto no quiere decir, sin embargo, que a partir de su segundo cumpleaños sean imposibles los cambios, tema que, no obstante, hasta ahora no ha sido estudiado con seriedad. En nuestras investigaciones lo que descubrimos al respecto fue que los niños que llegan a sus dos años siendo personas muy agradables, lo seguirán siendo en los años por venir, mientras que aquellos otros que alcanzan esta edad convertidos en personas egoístas y de difícil trato suelen persistir en estos patrones de comportamiento.

El ritmo del desarrollo en el periodo entre los veintidós a los treinta y seis meses es mucho más lento que el de los veintidós meses anteriores. A fin de garantizar su sobrevivencia, los bebés se ven obligados a establecer un apego cuando menos a uno de los adultos de importancia en su vida a partir de su nacimiento. Las cualidades de los bebés aseguran la amorosa aceptación por prácticamente todas las personas que los rodean (independientemente de convertirse más adelante en niños mal educados o no). Su desarrollo es muy veloz durante los dos primeros años. Hacia su segundo aniversario, sin embargo, su proceso de apego, así como su intensa concentración en las personas más significativas para ellos —proceso este último íntimamente ligado al anterior —, prácticamente han concluido o están a punto de hacerlo.

A sus dos años de edad, los bebés dominan las habilidades físicas básicas. Pueden caminar, correr, brincar y trepar. Hacen diestro uso de sus habilidades manuales. Por lo demás, también son capaces de razonar en forma elemental. Su memoria inmediata está completamente desarrollada. Especialmente en el caso de los niños de dos años de óptimo desarrollo, el tercer año de vida representa la oportunidad de pulir gradualmente los patrones de conducta establecidos. Así pues, el mayor cambio que usted advertirá durante el tercer año ocurrirá en las experiencias de su hijo con niños de su edad. Descubrirá también un desarrollo impresionante del lenguaje y la inteligencia, pero en este campo las transformaciones serán cuantitativas, no cualitativas.

Pero si el desarrollo de los veintidós primeros meses no ha sido satisfactorio, la concentración del bebé en las personas significativas para él no sólo no disminuirá, sino que se intensificará, de este modo el interés en niños de su edad será mínimo.

El desarrollo del interés en los demás

El desenvolvimiento del niño de dos años en este terreno dependerá del grado de éxito alcanzado hasta entonces en su proceso de socialización. En la mayoría de las familias, el niño habrá obtenido para este momento, sobre todo si es primogénito, abundantes muestras de amor. Quizá, incluso, se hayan tenido con él excesivas complacencias. De ser éste el caso, se habrá convertido en un infante egoísta y su proceso de apego no habrá concluido aún. Seguirá enfrentándose a sus padres todos los días a causa de problemas con el poder y la autoridad. Sus "ideas" sobre la socialización serán semejantes a las siguientes: "Mi asunto con estas personas sigue pendiente. Ahora sé que tengo mucha influencia sobre ellas. También, que si las presiono mucho y de inmediato grito o lloro desesperadamente, consigo lo que quiero. Siempre se exasperan; casi nunca están dispuestos a darme lo que busco. Claro, cuando salimos y comienzo a caminar hacia la calle, reaccionan de inmediato; me detienen y ya no puedo hacer nada. Pero en la casa o cuando vamos juntos a una tienda, siempre se me presenta la oportunidad de hacer un gran escándalo. Los niños de mi edad no me importan; los únicos que me interesan son mis papás. A veces juego con algunos, siempre y cuando yo sea quien mande, pero casi nunca les pongo la menor atención."

En caso de que un niño de este tipo tenga un hermano ligeramente mayor, seguramente también pensará lo siguiente: "A veces me llevo bien con él, pero casi todo el tiempo me molesta. Claro, descubrí que si grito fuerte, mi mamá no tarda en llegar y en ponerlo en su sitio. Cuando puedo, le jalo el pelo o lo muerdo, para cobrarme algunas de las muchas cosas que me ha hecho. Pero la verdad no sé si lo quiero o lo odio."

Si en casa vive en cambio un hermano o hermana de ocho meses, el añadido tendría que ser el siguiente: "¿Qué hace ese niño en mi casa? Todo ha cambiado desde que llegó, y para peor. Ojalá lo regresaran al lugar del que vino. Antes me podía deshacer de él muy fácil, pero ahora mi mamá la toma contra mí si lo hago. Ya hasta me detiene antes de que pueda hacer cualquier cosa. Por si esto fuera poco, ¡también él la toma contra mí! No me gusta nada que me jale el pelo o me muerda. Ojalá se fuera pronto. Me encantaría que todo fuera como antes, cuando sólo estábamos mis papás y yo."

(Recuerde una vez más que los niños no piensan necesariamente de esta manera, aunque esto es lo que su comportamiento deja ver.)

La otra posibilidad es mucho más alentadora. Cuando las cosas han marchado a la perfección, la conducta del niño de dos años de edad revela un interés y disfrute creciente de la interactuación con niños de su misma edad, siempre y cuando su desarrollo también sea aceptable. Esta última observación es de gran importancia. Si un niño tipo B (de desarrollo óptimo) se relaciona con un niño tipo A (mal educado), lo más probable es que abandone esta amistad de inmediato. Si, por el contrario, se relaciona con otro niño tipo B, es muy posible el establecimiento de una amistad tan agradable como asombrosamente precoz. En otras palabras, "Me interesan mucho las personas de mi edad, pero he aprendido que no todas son iguales y debo ser selectivo. En cuanto a mis papás, siguen siendo magníficos. Nos llevamos muy bien. Ya casi no peleamos, así que me gusta mucho pasar con ellos algún momento del día."

La dirección del interés social
En consecuencia, uno de los signos más claros acerca del curso correcto del proceso de socialización es el interés en los demás. Cuando los progresos son notorios, al niño de dos años de edad le gustará mucho interactuar con todas las personas, con excepción de sus hermanos de edad más cercana a la suya (ya sean mayores o menores). Incluso los niños de desarrollo óptimo difícilmente pueden manejar a los dos años las emociones generadas por la convivencia con un competidor de doce meses o con una amenaza de tres o cuatro años. Sería, francamente, mucho pedir.

En el caso de los niños de dos años crónicamente consentidos, el interés social sigue enfocado hacia la madre o el padre, dependiendo del manejo de las asignaciones en cuanto a su educación.

Corinne era una niña de dos años de edad sumamente lista. Su habilidad de lenguaje era superior a la de los niños promedio de cuatro años. Por desgracia, su gran desarrollo intelectual estaba asociado a una fijación a su madre, lo que resultaba una permanente fuente de problemas para sus padres. Durante las visitas realizadas a su casa, nuestros expertos notaron que la niña no mostraba el menor interés ni en el visitante ni en su propio padre, algo obviamente inusual. Su único propósito era monopolizar la atención de su madre, para lo cual había elaborado técnicas muy precisas. Se subía al regazo de su madre, de frente a ella, y movía su cabeza para que no dejara de verla. Le exigía que participara en todas sus actividades, así su madre en ese momento pretendiera conversar con la persona visitante. Contaba, además, con dos artificiales prácticas físicas para atraer la atención: caer en ataques de histeria relativamente moderados y hacerse la graciosa. Las raíces de estas conductas habían sido visibles desde sus nueve o diez meses.

No hacía ningún intento por acercarse a niños de su edad, fuera en un parque de diversiones o, mucho menos, en su casa. De acuerdo con su madre, en estos casos la niña prefería mantenerse a su lado entretenida en algún juego, pues parecía tenerles miedo a todos los niños. Si la madre de alguno de los niños de un grupo intentaba atraerla para unirla a la diversión, Corinne hacía terribles escándalos y oponía férrea resistencia. Por lo tanto, tales esfuerzos jamás daban resultado. A sus veintisiete meses de edad (fecha para la cual sus padres concluyeron su curso con nosotros), su madre seguía siendo la única persona importante para ella.

El desarrollo de habilidades sociales especiales

Los niños de excelente desarrollo inician sus interacciones con otros niños de su edad incluso desde los veintidós meses, siempre y cuando éstos hayan alcanzado también cierta madurez social. No obstante, aunque a los veintidós meses un bebé puede poseer abundantes habilidades, aún no se halla en condiciones de establecer magníficas relaciones con todos los niños de su edad, por la sencilla razón de que, en su mayoría, no están preparados para emprender juegos con niños de su misma edad.

La edad de veintidós meses es ciertamente temprana para iniciar una interacción satisfactoria con niños de igual edad. Para confirmarlo, basta con que usted visite una guardería en la cual se acepten niños de dos a tres años; comprobará que antes de los treinta meses es prácticamente imposible la convivencia pacífica de los niños. Sin embargo, si lleva a la práctica los criterios expuestos, es muy probable que su hijo sea de los pocos niños capaces de socializar fácilmente desde los veintidós meses con niños de su edad. No obstante, es necesario que no pierda de vista varios hechos. Si usted ha tenido éxito y su hijo de veintidós meses es una persona encantadora y bien educada, representará un caso excepcional, de manera que deberá ser muy selectivo en las amistades de su bebé. Si lo introduce en un grupo de juegos, no se sorprenda si otro niño de su edad comienza a apoderarse de los juguetes de su hijo, o a golpearlo y empujarlo, conductas propias de los niños de veintidós meses. Es evidente que tales situaciones se presentarán también sin duda con niños menores. En estos casos, no pretenda enseñarle a su hijo a enfrentar esas desagradables conductas; simplemente retírelo y busque mejores ambientes. En una situación semejante, ubicamos a un bebé socialmente maduro de veintidós meses en un grupo de niños mayores de dos años; funcionó de maravilla. Muy pronto gozaba de asistir a la guardería cinco días a la semana de nueve de la mañana a tres de la tarde. A muy pocos niños de esa edad les gusta ir a la "escuela" todos los días. Como a casi todos los niños de veintidós meses, a los bebés socialmente avanzados les encanta convivir con niños de tres y cuatro años.

Para que la convivencia con niños de la misma edad sea eficaz, es necesario que los bebés sean capaces de expresar a los demás niños sus sentimientos, tanto positivos como negativos, así como de alternar los papeles de liderazgo y seguimiento y de competir sin agresiones de por medio.

Es común que los niños de tres o cuatro años óptimamente desarrollados se acerquen a otros y les digan: "Tú me caes muy bien" o, en su caso, "Vete. No me molestes." Actúan como si estuvieran conscientes de que son simpáticos y agradables. Por lo demás, no hacen ningún esfuerzo para ser como son.

La habilidad de expresar sentimientos a otros niños no se diferencia de la relativa a manifestarlos a los padres, la cual, como dijimos, surge en los últimos meses del primer año de vida.

A su vez, dirigir y ser dirigido por otros niños es un acto que suele concretarse en los juegos, cuando los niños cambian naturalmente de papeles.

Las raíces del liderazgo residen en el primer uso del llanto para influir intencionalmente en la conducta de los padres cuando el bebé tiene alrededor de seis meses de edad. La iniciación de juegos a los once meses y la "dirección" de conductas de los catorce a los veinticuatro se desarrollan naturalmente hasta convertirse en formas de liderazgo con niños de la misma edad.

Desde su segundo año de vida, Jennifer dio muestras de ser una niña muy vigorosa y entusiasta. Sus padres trabaron amistad con otra pareja en uno de nuestros cursos, la cual tenía un hijo de la misma edad, muy agradable aunque de temperamento mucho más tranquilo. El desarrollo social de Jennifer marchó a toda prisa a lo largo de su segundo año. A sus dieciocho meses, llevaba la batuta en sus juegos con Ryan: decidía cuáles juguetes tomaría cada quien, dónde se instalarían y en qué momento podían cambiar de actividad. ¡Era obvio que su capacidad de liderazgo era ilimitada!

Cuando estaba a punto de cumplir dos años, adoptó la costumbre de guiar la rutina matutina de su padre. "Ya levántate, papá." "Ponte tu bata." "Báñate, papá."

En mi última visita a su casa, dedicó buena parte del tiempo a "darnos de comer": primero a sus padres, luego a dos de sus muñecas y finalmente a mí. Incluso nos puso un termómetro para "tomarnos la temperatura".

Este encantador patrón de actividades es muy común en los niños de desarrollo óptimo que inician su tercer año de vida. Muestra no sólo capacidad de liderazgo, sino también la complejidad alcanzada de los juegos imaginarios, iniciados en las "conversaciones telefónicas" inmediatamente posteriores al primer cumpleaños.

Una buena socialización implica no sólo la habilidad de dirigir, sino también la de permitir ser dirigido. Los padres que fijan límites firmes durante el periodo de los siete y medio a los veinticuatro meses les facilitan a sus hijos el permitir que sus compañeros de juegos también tengan la oportunidad de guiar las actividades grupales.

Los niños no desarrollados adecuadamente tardan mucho más en manifestar estas habilidades, si lo llegan a lograr. Un niño todavía enfrascado en permanentes disputas de autoridad con sus padres tendrá escasas posibilidades de participar en juegos divertidos con niños de su edad durante su tercer año de vida. En este caso, sus ocasionales juegos con niños de veinticuatro, veintiséis y veintiocho meses representan por lo general versiones en pequeño de las luchas de voluntades de su casa (aunque sin el amor ni las restricciones de sus padres). Es raro que uno de estos niños le diga a otro que le simpatiza. Para desgracia de los niños consentidos, sus juegos con niños de su edad suelen degenerar en episodios de jaloneos, golpes y llanto.

Al inicio de nuestra investigación advertimos con frecuencia que los niños debidamente desarrollados de tres a seis años son capaces de mostrar entusiasmo ante las muestras de creatividad de otros niños, tales como dibujos o figuras de plastilina: "¡Yo puedo hacerlo mejor!", dirán, y pondrán manos a la obra. Al terminar, sin embargo, no volverán con aquel otro niño para decirle: "Mira, te dije que podía hacerlo mejor que tú." Su afirmación de que podían hacerlo mejor es simplemente la combinación de un juicio sobre la calidad de lo hecho con una expresión de seguridad en sí mismos. Estos niños saben que las cosas pueden ser mejores y están seguros de conseguirlas. Su intención no es la de vanagloriarse frente a otros niños ni humillarlos.

Matthew pintaba en una silla. Aunque lo filmábamos, interpretaba ese hecho como que estábamos "ocupados", y por lo tanto actuaba como si estuviera solo. Luego de un par de minutos, durante los cuales no dejó de trabajar, hizo una pausa, levantó su pincel y dijo, a nadie en particular: "¡Me está quedando muy bien!" La seguridad en la capacidad de hacer bien las cosas es una de las características que usted podrá encontrar en su hijo en su tercer año de vida.

El desarrollo de un estilo social

Existen pocas investigaciones sobre la fuerza de la personalidad de los niños de dos años. Sin embargo, siempre me ha impresionado lo sólidos que pueden ser los patrones de conducta social para el segundo aniversario de un niño, sobre todo cuando su desarrollo ha marchado por el camino correcto. Conocemos muy pocos casos de niños que habiendo sido excelentes personas a los dos años, se hayan vuelto después individuos desagradables, al menos en los años inmediatamente siguientes. Por el contrario, son más los casos de niños de dos años relativamente consentidos que durante su tercer año consiguen superar muchas de sus deficiencias. Aun así, los niños que llegan a los dos habiendo sido objeto de excesivas complacencias no sólo resultan de trato molesto para quienes conviven con ellos, sino además suelen ser especialmente resistentes al cambio durante al menos uno o dos años. Es imposible saber si estos patrones persistirán durante el resto de la infancia y se extenderán aún más allá, pero lo ideal es que las etapas formativas garanticen un desarrollo adecuado.

Las pruebas: Un indicador importante
Usted sabrá que los enfrentamientos de autoridad con su hijo han terminado cuando deje de ponerlo a prueba. Así de sencillo. Es común que entre los catorce y veintidós meses los bebés pongan a prueba a sus padres, por más positivo que haya sido hasta entonces su desarrollo. No obstante, las pruebas comenzarán a disminuir entre los dieciocho y veinte meses, en el mejor de los casos. En circunstancias todavía mejores, desaparecerán por completo hacia los veintidós meses. Si así ocurre, es entonces como si el niño de veintidós meses dijera: "Por fin sé qué puedo hacer y qué no puedo hacer cuando estoy con mis papás. Ya sé cuáles son los límites. Ya sé que se me valora como persona y que mis necesidades serán resueltas siempre que sea posible, pero que habrá ocasiones en las cuales deberé esperar o no podré obtener lo deseado. Me parece muy bien. Lo acepto."

Si, en cambio, un niño de dos años sigue poniendo a prueba la autoridad de sus padres, todos los involucrados se verán en problemas. En un viaje aéreo reciente, un niño menor de tres años parecía encantado de demostrar que era capaz de incomodar a su madre. Conocía muchas maneras de hacerlo, y las usó varias veces durante el recorrido. Insitía en pararse sobre su asiento y tirar libros al pasillo. A pesar de los muchos ruegos, órdenes y súplicas de su madre, simplemente se resistía a sentarse y a portarse como era debido. Cada vez que tiraba un libro, su madre lo recogía y se lo devolvía, pidiéndole que se sentara y se pusiera a leer. Era obvio que prefería molestarla y mantenerla completamente atenta a él que sentarse y comportarse. Sus travesuras le deleitaban. No dudo que a los cinco meses haya sido un bebé encantador. Sentí mucha lástima por aquella señora.

Sería maravilloso que a los veinticuatro meses de edad todos los niños dejaran de poner a prueba a sus padres y de comprobar el alcance de su poder para convertirse infaltablemente en seres racionales más que tratables. Por desgracia, esto ocurre en muy contados casos. Lo más común es que los niños sigan probando a sus padres bien entrados en su tercer año de vida. Si estos lamentables hechos fueran escasos, este libro no habría sido escrito. Nuestros primeros hallazgos acerca de lo abundantes que eran los niños de dos años desagradables no han hecho más que confirmarse a lo largo de todos estos años.

En caso de existir un hermano menor, la situación se complica hasta lo indecible, sobre todo si ha comenzado a dar sus primeros pasos. En tiempos recientes, esta situación es más común en aquellos matrimonios que han comenzado a tener hijos después de que la pareja es mayor de treinta años. El reloj de la vida no perdona, y muchas familias se ven obligadas a tener hijos con diferencias de edad muy cortas.

Si el hijo mayor ha sido muy consentido, los problemas de la rivalidad entre hermanos se multiplican considerablemente. Si quiere conocer a un niño de dos años y medio verdaderamente insoportable, dé simplemente con uno muy consentido de año y medio que tenga un hermano recién nacido y espere a que transcurra un año. El hijo mayor se sentirá cada vez más desdichado, y al llegar a los dos años y medio no sólo seguirá enfrentándose a sus padres en disputas de autoridad, sino además estará sumamente resentido por haber sido desplazado por su hermano menor. Esto genera una situación sumamente difícil para todos los involucrados: los padres, el nuevo hijo y, por supuesto, el hijo mayor, que entre todos será quien padezca los mayores problemas. Si no puede evitarse el estrecho espaciamiento de los hijos, cuando menos los padres pueden reducir las dificultades evitando consentir al hijo mayor. Sin embargo, ni siquiera en esta forma el dilema se resuelve por completo.

El propósito principal de este libro es ayudar a prevenir estos resultados en la mayor medida posible. Tal como ha ocurrido con mis anteriores libros, las personas a quien más les sirve mi trabajo son aquellas que están en condiciones de beneficiarse de nuestros descubrimientos desde el comienzo mismo del proceso de educación de los hijos. Si esto le sirve de consuelo, permítame decirle que la madre de mis hijos y yo carecíamos de toda esta información cuando educamos a nuestros cuatro pequeños. En un momento teníamos tres hijos menores de tres años. Ahora sé que fue una tontería.

Una cosa es vérselas con un niño de quince o dieciséis meses muy renuente y que a cada instante pone a prueba la autoridad de sus padres, y otra muy distinta enfrentar a un niño de veinticuatro meses, quien puede ser un oponente más que respetable. Además, conforme pasa el tiempo a partir del segundo aniversario, cada vez se hace más urgente, aunque también más difícil, que el estilo de conducta de los niños hacia los demás miembros de la familia sea aceptable. Sin embargo, si un niño alcanza los dos años de edad bajo patrones de excesiva complacencia, la corrección deberá realizarse a más tardar a los dos años y medio.

La necesidad de esto se explica por diversos factores. En primer lugar, con el paso del tiempo las conductas indeseables se hacen cada vez más habituales, por lo cual de no actuar en el momento oportuno, la resistencia al cambio puede llegar a ser muy fuerte. Por lo demás, para esta etapa los padres han agotado la mayoría de sus recursos. Se han enfrentado a un niño sumamente exigente desde que tenía siete meses. Sus propios patrones de reacción y control han echado raíces en ellos, por más ineficaces que sean. Algunos padres han recurrido incluso a los golpes. Les espera aún un deber muy difícil, justamente cuando su capacidad para emprenderlo ha disminuido en buena medida.

En segundo lugar, de igual importancia es que durante el tercer año de vida suelen inciar sus primeras amistades con niños de su edad. Pero un niño de treinta meses mal educado no resultará un atractivo compañero de juegos para nadie.

Esta clase de niños son incapaces de compartir sus juguetes y golosinas, lo cual significa que son incapaces de compartir cualquier cosa. Lloran en exceso y son prontos para golpear y empujar a todos los niños que no están dispuestos a concederles sus deseos en forma inmediata. Asimismo, se niegan a dejarse dirigir por otros. En estas condiciones, no hay niño que desee ser su amigo. Finalmente, los niños con quienes se han tenido excesivas complacencias no son felices. Más bien corren el riesgo de convertirse en personas crónicamente insatisfechas.

Cuando el proceso de educación de los hijos marcha por buen camino, y puedo asegurarle que es posible, los padres llegan a sentirse tan felices como siempre lo desearon, al menos durante los primeros años de la vida de sus hijos. Por su parte, los niños que entre los veintidós y veinticuatro meses han dejado de enfrentarse a sus padres, gozan de excelente salud mental. Esto les permite convertirse en personas mucho más interesantes que un año antes. Son capaces de emitir observaciones originales y de mostrar un magnífico sentido del humor. Esta nueva y poderosa capacidad para manejar ideas y pensar, junto con la explosión del lenguaje expresivo en los últimos meses del segundo año, hace posible el surgimiento de radicales y emocionantes cambios. Los padres dejarán de limitarse a tener con sus hijos intercambios verbales compuestos por órdenes, renuencias y amenazas y comenzarán a sostener prodigiosas conversaciones. Entre las sorpresas de los adultos está el descubrimiento de cuántas ideas y ocurrencias pueden caber en la mente de un niño tan pequeño y poseedor apenas de unas cuantas experiencias. Este hallazgo es realmente excitante.

Resultados indeseables: Un eterno "estira y afloja"

¿Qué ocurre en caso de que un niño llegue a los veinticuatro meses enfrascado en conflictos de autoridad con sus padres? No debemos olvidar, primeramente, que las raíces de este estilo social se encuentran en el sexto o séptimo mes de vida.

Suponer que es posible corregir en un par de semanas el comportamiento de un niño de dos años acostumbrado a quejarse, a sentirse infeliz y a tener todas las contemplaciones no es realista. A los padres en estas lamentables circunstancias lo único que puedo ofrecerles son los principios de educación eficaz de los hijos expuestos, junto con una advertencia: entre más pronto les enseñen a sus hijos a respetar sus derechos, mejor, pues cuanto más se prolongue esta insatisfactoria situación, más difícil será remediarla.

A los padres de niños de dos años mal educados les esperan cuando menos seis meses más de arduos esfuerzos. Si comienzan su labor a los dos años y medio, o a más tardar a los tres, existe todavía la posibilidad de que, con un poco de suerte, consigan orientar a su hijo hacia la amistad con niños de su edad. A partir del momento en que el niño deje de concentrar su atención en sus padres para dirigirla al mundo exterior, la tensión disminuirá. Sin embargo, no desaparecerá del todo. Los niños entre dos y dos años y medio de deficiente desarrollo social no suelen sentirse a gusto en los aviones, causan percances en los restaurantes y los supermercados y en general son muy difíciles de tratar. El tercer año está de suyo expuesto a los constantes berrinches de los niños y a muchas otras actitudes que complican la convivencia con ellos. A ello se debe precisamente que la edad de dos años sea conocida como "terrible".

Cuando el proceso marcha bien después de los veintidós a veinticuatro meses

Si durante los primeros veintidós meses de su hijo hizo un trabajo de paternidad/maternidad soberbio (y además tuvo un poco de buena suerte), para entonces el niño habrá dejado de ponerlo a prueba e iniciado una etapa tan especial como maravillosa. Si su labor ha sido simplemente satisfactoria, quizá su hijo siga teniendo enfrentamientos de autoridad con usted hasta los veinticuatro meses. En uno u otro caso, su hijo de entre veintidós y veinticuatro meses será una joya. Toda la familia se deleitará en esa feliz y talentosa criatura. Su hijo

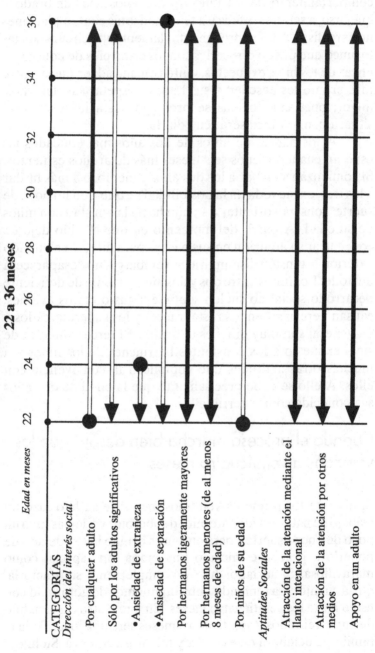

DESARROLLO INTERPERSONAL
22 a 36 meses

Edad en meses   22   24   26   28   30   32   34   36

CATEGORÍAS
Dirección del interés social

Por cualquier adulto

Sólo por los adultos significativos

• Ansiedad de extrañeza

• Ansiedad de separación

Por hermanos ligeramente mayores

Por hermanos menores (de al menos 8 meses de edad)

Por niños de su edad

Aptitudes Sociales

Atracción de la atención mediante el llanto intencional

Atracción de la atención por otros medios

Apoyo en un adulto

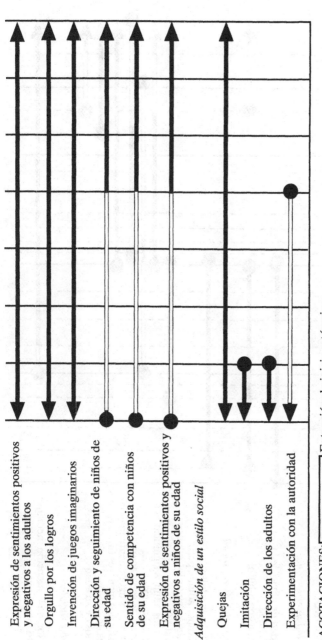

Expresión de sentimientos positivos y negativos a los adultos

Orgullo por los logros

Invención de juegos imaginarios

Dirección y seguimiento de niños de su edad

Sentido de competencia con niños de su edad

Expresión de sentimientos positivos y negativos a niños de su edad

Adquisición de un estilo social

Quejas

Imitación

Dirección de los adultos

Experimentación con la autoridad

ACOTACIONES: ☐ Extensión de inicio o término
              ▬ Duración

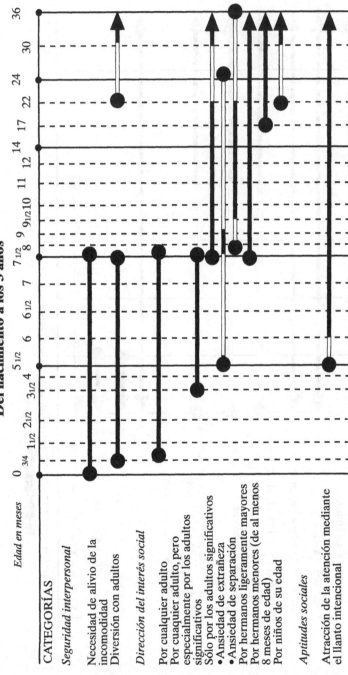

DESARROLLO INTERPERSONAL
Del nacimiento a los 3 años

Edad en meses

0   3/4   1 1/2   2 1/2   3 1/2   4   5 1/2   6   6 1/2   7   7 1/2   8   9   9 1/2 10   11   12   14   17   22   24   30   36

CATEGORÍAS

Seguridad interpersonal

Necesidad de alivio de la incomodidad
Diversión con adultos

Dirección del interés social

Por cualquier adulto
Por cualquier adulto, pero especialmente por los adultos significativos
Sólo por los adultos significativos
• Ansiedad de extrañeza
• Ansiedad de separación
Por hermanos ligeramente mayores
Por hermanos menores (de al menos 8 meses de edad)
Por niños de su edad

Aptitudes sociales

Atracción de la atención mediante el llanto intencional

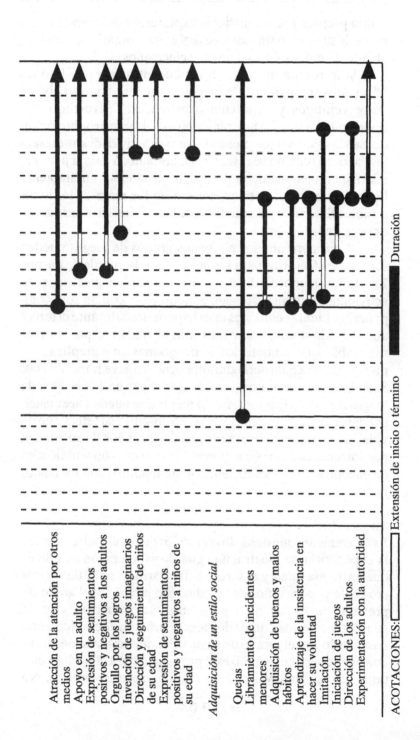

Atracción de la atención por otros medios
Apoyo en un adulto
Expresión de sentimientos positivos y negativos a los adultos
Orgullo por los logros
Invención de juegos imaginarios
Dirección y seguimiento de niños de su edad
Expresión de sentimientos positivos y negativos a niños de su edad

Adquisición de un estilo social

Quejas
Libramiento de incidentes menores
Adquisición de buenos y malos hábitos
Aprendizaje de la insistencia en hacer su voluntad
Imitación
Iniciación de juegos
Dirección de los adultos
Experimentación con la autoridad

ACOTACIONES: ▭ Extensión de inicio o término   ▬ Duración

estará preparado para iniciar la exploración del mundo de los niños de su edad. Asimismo, pasará extraordinarios momentos al lado de niños de tres, cuatro y cinco años.

Si le resulta un tanto difícil encontrar para su hijo los adecuados compañeros de juegos, no piense que su bebé de entre veintidós y veinticuatro meses está perdiendo una oportunidad vital. En mi opinión, si usted sigue proporcionándole en los meses siguientes toda clase de actividades interesantes, su desarrollo no se resentirá en absoluto. Y aun si jamás lo inscribe en una guardería pero sigue creándole un ambiente lleno de amor y atractivos, crecerá en los mejores términos posibles. Sin embargo, a medida que beneficios, su ofrecimiento es para dudar.

Considero que los pequeños grupos de juegos pueden ser tan satisfactorios para los niños como la guardería misma. Los niños menores de tres años no suelen participar en actividades grupales. Juegan, en todo caso, con un solo compañerito. Limitar entonces tales experiencias durante el tercer año de vida a cinco mañanas a la semana me parece más razonable que someterlos a programas que implican su presencia en la guardería durante ocho o nueve horas diarias. Si su hijo se muestra ansioso de participar en los grupos de juegos o asistir a la guardería, lo mejor que puede hacer usted es concederle ese deseo. Hasta que transcurra su tercer año de vida, él mismo irá interesándose más por niños de su edad y, por fortuna, cada mes irá ofreciendo mayores oportunidades de encontrar amigos suficientemente maduros con los cuales jugar.

La guardería

Es conveniente que desde los veintidós meses un bebé conozca la experiencia de asistir a una guardería. La razón de ello es que entre esa edad y el tercer aniversario, surgirá un interés creciente por los niños de su edad. Sin embargo, el grado de preparación de un niño para enfrentar situaciones de la guardería o de los grupos de juegos varía considerablemente, de acuerdo con el estado de su proceso de socialización. Aunque puede ser que un niño esté preparado para ello a los veintidós meses, la mayoría debe esperar hasta los treinta. No obstante, sobre este particular escuchará usted las opiniones más dispares.

Estoy entre quienes afirman que la experiencia de la guardería representa un gran beneficio para todos los niños, si bien no es esencial para garantizar su buen desarrollo. No obstante, creo tener la razón por dos motivos. En primer lugar, y antes que nada, a la mayoría de los niños les encanta ir a la escuela, dando por supuesto que se trata de un lugar bien acondicionado y por lo tanto agradable. Así, es lógico que se les permita asistir a ella cuando ya están preparados para hacerlo. En segundo lugar, si en casa hay un hermano menor, la guardería les facilita enormemente la vida no sólo a los padres, sino también a ambos niños.

Sin importar si se trata de una guardería en forma o de un grupo de juegos, es necesario tomar en cuenta ciertos criterios. La seguridad es esencial, y no sólo en lo que se refiere a las instalaciones físicas del lugar. Entre más pequeños sean los niños, es mayor el riesgo de que se hagan daño unos a otros. No subestime esta posibilidad. Ambos riesgos serán mínimos si las personas responsables de la conducción de la escuela son capaces y experimentadas. Mantenga sus reservas frente a quienes aseguran que su guardería ofrecerá a sus hijos importantes beneficios educativos. En las investigaciones al respecto se ha demostrado que hasta ahora no existe ningún programa preescolar que garantice beneficios duraderos en áreas académicas como el lenguaje o la inteligencia, y ya no digamos la habilidad social. Si un profesional le ofrece tales beneficios, su ofrecimiento es para dudar.

Considero que los pequeños grupos de juegos pueden ser tan satisfactorios para los niños como la guardería misma. Los niños menores de tres años no suelen participar en actividades grupales. Juegan, en todo caso, con un solo compañerito. Limitar entonces tales experiencias durante el tercer año de vida a cinco mañanas a la semana me parece más razonable que someterlos a programas que implican su presencia en la guardería durante ocho o nueve horas diarias. Si su hijo se muestra ansioso de participar en los grupos de juegos o asistir a la guardería, lo mejor que puede hacer usted es concederle ese deseo.

CAPÍTULO 6

TEMAS ESPECIALES

Principales riesgos que prevenir

Entre más tiempo se trabaja al lado de las familias y se estudian las relaciones entre los estilos de educación y los estilos sociales de los hijos, más claro resulta que existen ciertos obstáculos a la labor de los padres que suelen presentarse con demasiada frecuencia. En las siguientes páginas expondré estos obstáculos y las que considero como las mejores maneras de enfrentarlos.

Aspectos especiales de la salud del bebé
Es comprensible que quienes son padres por primera vez se preocupen mucho por la salud de su bebé, sobre todo durante los primeros meses. "¿Es un niño normal?", se preguntan. Lo más probable es que lo sea; simplemente, aún es muy pequeño y muy débil. Conforme pasa el tiempo y los padres se van sintiendo más seguros, este tipo de temores desaparecen. No obstante, no dejarán de angustiarse así su hijo se encuentre en excelentes condiciones, lo cual es normal y entendible. ¿A quién no le alarmaría ver que su bebé, tras un momento de quietud, de pronto agita brazos y piernas y comienza a llorar? Si nadie lo ha puesto en antecedentes acerca de los sustos que se llevará en los primeros tres meses de vida de su bebé, lo más lógico es que cualquiera de las reacciones de su hijo le cause cierto temor.

Sin embargo, aun si hubiera indicios de que a su hijo pudiera estarle ocurriendo algo grave, si usted se angustia en exceso entorpecerá aún más sus todavía limitadas capacidades como padre o madre. Conviene destacar al respecto situaciones tales como el parto prematuro, la paternidad/ maternidad tardía, las enfermedades crónicas y los cólicos prolongados.

Parto prematuro
Se sabe desde hace mucho que un parto prematuro puede tener como consecuencia un retardo en el desarrollo. Los padres de niños prematuros deben estar atentos a la posibilidad de que los efectos del adelanto del parto no desaparezcan por completo en los primeros años de vida de sus hijos. Sin embargo, en el campo de la medicina se han logrado recientemente avances notables en cuanto al tratamiento de casos de este tipo, gracias a los cuales ha sido posible reducir las deficiencias en el desarrollo y elevar los índices de sobrevivencia de bebés cada vez más pequeños. La reducción de las deficiencias es, en particular, una excelente noticia. Sin embargo, los niños que nacen pesando 1, 1.4 o aun 1.8 kilogramos se hallan expuestos a mayores riesgos que los que nacen de un parto normal, y ciertamente se desarrollarán a un ritmo más lento que los bebés promedio.

Es natural que los padres de un bebé prematuro sean sobreprotectores, sobre todo a lo largo de sus primeros dos años de vida. Al igual que la mayoría de los padres de bebés prematuros, es muy probable que, si tal es el caso, usted considere a su hijo particularmente frágil y en consecuencia le conceda un trato especial.

Por desgracia, esta comprensible actitud puede hacerle mucho más difícil evitar consentir a su hijo, sobre todo en lo que se refiere a la alimentación. Si, por haber nacido prematuramente, su hijo pesa menos de lo normal, usted querrá que alcance la norma a la brevedad posible. Este deseo es por demás razonable, pero también puede ser la causa de que, a la hora de la comida, usted sea incapaz de controlar el mal comportamiento de su hijo una vez cumplidos los diez meses.

Muchos de los niños de siete a ocho meses adoptan la costumbre de tirar comida desde su silla, especialmente si no tienen apetito. Como explicó Piaget, esta conducta es normal en el desarrollo del interés en practicar las habilidades manuales/visuales y en estudiar los movimientos de los objetos en el espacio. Por lo tanto, tirar comida es un paso normal del desarrollo de la inteligencia.

Hacia finales del primer año de vida, el lanzamiento de trozos de comida a un lado de la silla alta no está motivado por un inocente interés en el movimiento de los objetos, sino por la curiosidad de la reacción de sus padres ante tal comportamiento. Esto quiere decir que usted se enfrenta ahora a una acción que corre el riesgo de convertirse en un mal hábito.

¿Qué hacer en este caso? El consejo a los padres de bebés nacidos a los nueve meses es que adopten una actitud firme y pongan fin a la comida si, luego de haberle dicho dos veces al bebé que deje de tirar lo alimentos, éste persiste en su acción. Mi consejo a los padres de bebés prematuros es exactamente el mismo.

Sin embargo, si usted se encuentra en este último caso, quizá descubra que mi consejo es muy difícil de seguir. Si justamente le preocupa la buena alimentación de su hijo, difícilmente querrá interrumpir la comida sólo para demostrarle que no puede tolerar que tire los alimentos.

Es conveniente que los padres consulten a su pediatra en este sentido. Sin embargo, considero que aun los niños producto de un parto prematuro no sufren daño si de vez en cuando una comida se interrumpe en forma abrupta a fin de evitar que esta perniciosa conducta se convierta en hábito. Ningún médico me ha desmentido hasta ahora. Luego de cuatro o cinco interrupciones, que por lo demás les representan quedarse con hambre, la mayoría de los bebés de diez meses de edad dejan de lanzar comida desde las alturas de su silla.

Además, y por fortuna, cuando los bebés prematuros han alcanzado la edad de entre nueve y diez meses, por lo general se encuentran en condiciones iguales a los demás niños.

Paternidad/maternidad tardía
En la actualidad es común que las parejas tengan su primer hijo cuando pasan de los 35 años. Sin embargo, a causa de la cada vez más amplia difusión de las crecientes probabilidades de problemas de salud y defectos congénitos en los hijos de

mujeres "mayores", estos padres tienden a ser tan vulnerables como los de bebés prematuros. A ello debemos agregar que por lo general el primero de los hijos de estas parejas es el único que planean tener, por lo cual tienden a ser especialmente sobreprotectores.

De igual forma, estos padres suelen exagerar las consecuencias de los golpes que su bebé se lleva entre los siete y ocho meses, y con ello refuerzan la tendencia del bebé a llorar en exceso. En estas circunstancias es más difícil enseñarle a un niño a enfrentar y resolver los incidentes menores. En general, así, estos padres tienden a tratarlos como si fueran más frágiles de lo que en verdad son, y son por lo tanto más complacientes que los demás padres en lo que se refiere al control.

Enfermedades crónicas
Los bebés que sufren padecimientos físicos superiores al promedio también suelen ser motivo de especial preocupación para sus padres. Por desgracia, aun en las mejores circunstancias hay niños particularmente vulnerables en su primer año a toda clase de enfermedades, algunas de las cuales pueden poner en riesgo su vida. Si un bebé tiene que ser repetidamente internado en un hospital o atendido por un médico a causa de la seriedad de sus malestares físicos, los padres tenderán a ser muy susceptibles a todo aquello que pueda poner en riesgo su bienestar. Sin embargo, esta susceptibilidad no los capacita en absoluto para mostrarse firmes frente al eventual mal comportamiento de su hijo.

Cólicos prolongados
Prácticamente no hay bebé que durante los primeros dos o dos y medio meses de vida no sufra con regularidad misteriosos problemas digestivos, e incluso hay bebés que los padecen más que otros. Hay casos en los que esta situación se prolonga más allá de las diez primeras semanas, aunque es muy poco común que dure hasta los seis meses.

A cualquier edad, sin embargo, estas molestias digestivas son sumamente incómodas para los bebés. Es lógico, entonces, que en afán de aliviarlos se les cargue, arrulle y mezca, a veces en exceso. Dado que los bebés que padecen cólicos son objeto de mayor número de acciones de alivio que los demás, de los tres a los ocho meses exigen más atención. En mi opinión, en este caso a los padres no les queda otra alternativa que la de seguir procurando el bienestar de su bebé, aun si como resultad se vuelve más exigente. Cuando los cólicos desaparezcan, habrá muchas oportunidades de corregir el problema de las quejas excesivas. Por lo demás, tener o no un bebé con cólicos frecuentes es, como en muchos otros factores, producto única y exclusivamente del azar.

Otros problemas comunes

Culpabilidad
Por más de un motivo, muchos bebés de la actualidad pasan la mayor parte del tiempo lejos de su madre. Hasta hace apenas veinte años, esto no era común; aún entonces la mayoría de las madres se quedaban en casa todo el tiempo al lado de sus bebés. No obstante, y a pesar de que la pareja sea joven y por lo tanto muy "moderna", a los dos padres les resulta muy difícil evitar por completo una sensación de culpabilidad en caso de que su patron de vida sea muy diferente al tradicional durante el primer o dos primeros años de existencia de su hijo. Habitualmente, es la madre se siente más culpable, sensación que sin embargo es absolutamente contraproducente.

Sentirse culpable por no estar haciendo lo suficiente por el bebé, por no pasar suficiente tiempo a su lado o por creer que debido a estos motivos se le ama menos son emociones no sólo cuestionables, sino además sumamente inoportunas, pues suelen surgir en los momentos en cuales los padres deberían estar mejor preparados para fijar límites y mostrarse firmes con su bebé. Son pocos los padres primerizos que serían capaces de no hacer al oír llorar a su hijo. Este llanto suele resultar aún más desgarrador cuando los padres se hallan lejos del bebé durante alrededor de nueve horas al día los cinco días hábiles de la semana, esto les hace desear pasar ratos agradables a su lado cuando tienen la fortuna de estar juntos. En esta situación, el anhelo de gozar al máximo las pocas horas de convivencia predispone a los padres a ser excesivamente complacientes o a tolerar conductas en su hijo que en otras circunstancias juzgarían inaceptables. Por lo tanto, la difícil tarea de evitar que el bebé llegue a los tres años siendo un niño mal educado se complica aún más.

Adopción

Los padres que adoptan a un bebé suelen verse sujetos a una necesidad muy intensa tanto de demostrarle lo mucho que lo aman como de saberse correspondidos, factores que sólo abren las puertas a la excesiva complacencia. Es necesario por ello que los padres adoptivos estén conscientes de esta particular vulnerabilidad suya.

La edad del bebé al momento de ser adoptado es en este caso de especial importancia. Si usted se halla en estas circunstancias y no pasó al lado de su bebé sus primeros días de vida, es probable que desconozca para siempre muchos de los detalles de sus primeras experiencias. Por lo general, la adopción tardía no implica necesariamente que el bebé sea objeto de mimos y consentimientos. Aunque estoy seguro de que las excepciones a este respecto abundan, es mucho más probable que la complacencia excesiva provenga de las experiencias paternas o maternas tempranas que de la adopción, aun en casos muy problemáticos o que implican descuido de los padres.

Sin embargo, si usted adopta a un bebé de cuyos primeros meses de vida estuvo ausente, sin duda se sentirá inclinado a consentirlo. Y aun si carece de información detallada acerca de sus antecedentes, es muy probable que lo trate con todas las consideraciones.

Entre mayor sea el niño al momento de la adopción, más posibilidades existen de que haya resentido problemas sobre los cuales usted ejercerá mínima influencia, por lo cual es aconsejable adoptar a bebés lo más pequeños posible. Si tal no es su caso, ame y atienda a su hijo, por supuesto, pero intente hacerle ver que, aun valorándolo y amándolo tanto como lo hace, también debe respetar las necesidades de usted. Ejerza un "egoísmo sano" sin dejar de hacerle sentir al bebé que es sumamente valioso para usted.

El temperamento de los padres
Cuando un bebé de entre ocho y veinticuatro meses enfrenta la oposición de alguno de sus padres, tarde o temprano comenzará a llorar. Su llanto puede ser producto del enojo o de la tristeza. En el primer caso, los padres se molestarán, pero en el segundo se les quebrará el corazón. En nuestras investigaciones pudimos comprobar que los padres reaccionan de maneras muy distintas a las lágrimas de sus bebés. Hay algunos que, aun lamentando profundamente la situación, deciden que es su deber dejarle en claro al niño que hay cosas que no puede hacer o tener, deben mantenerse firmes ante el llanto de su hijo. Conscientes también de su responsabilidad, otros, sin embargo, no son capaces de resistir los efectos emotivos de estas circunstancias, razón por la cual ceden al llanto mucho más rápidamente que la mayoría de los padres. No obstante, el resultado a largo plazo de este estilo de paternidad/maternidad es un niño muy consentido.

Un video que solemos utilizar en nuestros cursos de educación para padres nos ha permitido derivar un posible examen acerca del grado de "dulzura" de los papás. El video se llama *El cuidado de los pequeños: Humanos y animales,* y en él se muestran las labores de un domador de animales, Ivan Tors.

Con el propósito de demostrar que entre las especies mamíferas existen grandes diferencias en el nacimiento de una cría, el video comienza con escenas del nacimiento normal de un bebé en un hospital y continúa con las del nacimiento de un antílope en las llanuras del África. En las escenas del hospital aparece una media docena de adultos alrededor de una cama de parto desempeñando las funciones habituales de esta operación. La madre se halla asistida por muchas personas. En el proceso del parto se pone especial atención a los movimientos del bebé a través del conducto cervical. Los médicos revolotean con expectación en torno del vientre de la madre, prestos a utilizar los fórceps, aplicar una episiotomía e incluso a realizar una cesárea en caso de ser necesario. Todo un equipo de obstetras está presente, pendiente de lo que ocurre y dispuesto a actuar a la menor provocación.

Una vez que la cabeza del bebé se ha abierto paso en el vientre de la madre, sus hombros se deslizan fácilmente hasta que todo el cuerpo se halla fuera. Se corta entonces el cordón umbilical. Se bombean los conductos respiratorios del bebé a fin de facilitarle la respiración. A continuación se le traslada a una mesa contigua para limpiarlo, tras de lo cual es colocado en brazos de su madre. Después de que los padres gozan del milagro de la llegada de su bebé, su madre se lo acerca al pecho. Se inicia de inmediato un análisis detallado del pequeño para comprobar que esté bien. En caso de encontrarse algo anormal, al instante se le somete a tratamiento.

Unos días más tarde, madre e hijo llegan a casa, donde por muchos años sus padres y quizá también sus abuelos harán lo que esté a su alcance para hacer de él un dichoso y realizado miembro de la sociedad.

La escena cambia de pronto a las estepas africanas. De la abertura vaginal de la madre cae al suelo la cría ñu (el antílope). Miles de ñus adultos ocupan el paisaje, pero ninguno presta atención al recién nacido. Éste reposa sobre un borde del terreno moviendo hacia todos lados sus cuatro pequeñas patas en un torpe intento por levantarse. No lo hace bien, por supuesto, de manera que tarda un buen rato en cada intento, y en cuanto se levanta un poco, cae de inmediato a tierra. La cámara se cuela entonces hasta un arbusto cercano, donde un buen número de leones (obviamente hambrientos) observan y aguardan. ¡Han percibido el inconfundible aroma del líquido amniótico!

El estupefacto narrador de la escena, quien la describe como en un susurro, explica que si desea sobrevivir la cría no sólo deberá aprender a pararse en pocos minutos, sino también correr junto con el resto de la manada. Y, en efecto, el pequeño ñu hace nuevos y desesperados intentos por ponerse en pie, todos los cuales, sin embargo, resultan fallidos, pues más tarda en erguirse que en volver a caer. Todo indica que no lo logrará.

La tensión del público siempre se eleva notoriamente en este momento. Todos tememos que el pequeño ñu será abandonado por la manada y, por supuesto, devorado por los leones.

Los padres que asisten a la proyección de este video suelen quedar vivamente impresionados, aunque la tensión de unos y otros es muy diversa. Para algunos, ciertas partes del filme resultan francamente intolerables. ¿Se acuerda usted de Sonya, la bebé de dieciocho meses que insistía en dormir con sus padres y que pedía jugo de manzana a las cinco de la mañana? Pues bien, a sus padres este video les puso los nervios de punta, lo mismo a los padres de Henry (el destructor de plantas), a los de Corinne (la niña que movía la cabeza de su madre para que la viera a los ojos). Este tipo de reacción en los momentos más tensos del video es muy común. Las personas con reacciones así han solido ser las más corteses y sensibles de nuestros cursos. Es justamente a estos padres a quienes les resulta más difícil no ser complacientes con sus bebés. Pero, a todo esto, ¡el pequeño ñu consigue sobrevivir!

Me interesa demostrar con esto que un poco de firmeza siempre es de gran utilidad para evitar que los niños lleguen a los tres años siendo personas mal educadas, por más que tal firmeza sea difícil de asumir para los padres de temperamento suave. Luego de una trayectoria de más de 36 años en el campo de la psicología, puedo decirle que el carácter de una persona está enraizado en el centro de su ser y no es fácil de modificar. Me simpatiza en particular la gente amable, pero la tarea de la educación de los hijos es más complicada para ella que para quienes tenemos un corazón un poco más duro.

¿Qué puede hacer usted si es una persona extremadamente sensible que no tolera siquiera la idea de que su bebé sufra? Un par de cosas: a) estar consciente de que su temperamento desempeña un papel muy importante en el proceso de educación de sus hijos y b) con la colaboración de su pareja, hacer lo posible por controlar los negativos efectos de su carácter.

A partir de los nueve o diez meses, muchos padres se verán en circunstancias en las cuales no sabrán si están siendo lo suficientemente firmes con su bebé o no. A los padres y madres a quienes consideramos especialmente amables solemos darles el siguiente consejo: "En caso de duda, dé por supuesto que es complaciente, así que esfuércese por fijar el límite con mayor firmeza." Claro que en un curso de educación de padres como "Los nuevos padres como maestros", que cuenta con expertos que visitan los hogares para observar con periodicidad el curso de las relaciones padres/hijos, es relativamente fácil que los padres terminen por comprender y aplicar nociones como ésta. Abandonados a sus propios recursos, hacerlo sería sin duda muy difícil. Ver en acción a otros padres puede ser sumamente ilustrativo. En nuestros cursos siempre exhortamos a los padres a adquirir nuevas perspectivas de su situación observando a tantas familias como les sea posible. Una de las principales diferencias entre los profesionales y los padres es justamente que los primeros están en condiciones de poseer una visión objetiva y experimentada. Las familias sin acceso a cursos de alta calidad (caso en el que, lamentablemente, se encuentra la mayoría de ellas) pueden recurrir a grupos de apoyo a padres, en los que también obtendrán grandes beneficios. No deje pasar esta oportunidad, especialmente durante el periodo de los seis a los veinticuatro meses de vida de su bebé.

Pero por lo pronto, reflexione en el hecho de que su temperamento puede determinar el éxito o fracaso del proceso de socialización de su hijo. Por lo general, es el carácter de la madre el que más influye en este proceso, dado que habitualmente son las madres quienes se encargan en mayor medida de la educación de los hijos (incluso si al mismo tiempo trabajan fuera de casa). Sin embargo, también el temperamento del padre puede tener grandes consecuencias en el desarrollo social de sus hijos, sobre todo si por azares del destino debe participar activa, o hasta decisivamente, en su cuidado. La influencia del temperamento de los padres en el desarrollo del bebé será tanto mayor cuanto más intensa sea la participación de cada uno de ellos en la vida cotidiana de su hijo.

Situaciones comunes que dificultan la satisfacción de la curiosidad e intereses motrices del bebé
Es muy importante que entre los siete u ocho meses y los tres años de edad, todos los niños estén en posibilidades de desarrollar sus tres intereses primordiales: la satisfacción de su curiosidad, el dominio de su cuerpo junto con habilidades específicas como las manuales/visuales, y la socialización. Si el interés social de un niño de dos años predomina sobre su curiosidad y el disfrute de sus actividades motrices, ello es un signo claro de deficiente educación. Por lo tanto, una de las

labores principales de los padres en la etapa de los siete y medio a los veinticuatro meses es la de garantizar el desarrollo y equilibrio de todos estos intereses.

En ocasiones, sin embargo, las condiciones de vida de la familia dificultan la consecución de este equilibrio. Una de tales circunstancias es, por ejemplo, contar con un espacio limitado. A todos los bebés que comienzan a gatear les encanta explorar hasta el último rincón de la casa, pero el área a su disposición es decisión de los padres. Son ellos los que deben determinar si el bebé permanecerá en la cocina o en la sala a su lado, o si se le permitirá subir las escaleras y pasearse de una habitación a otra. Decidirán también si le dan acceso o no al mobiliario de la cocina. Si la casa o el departamento en el que usted vive es de dimensiones reducidas, le será difícil ofrecerle a su bebé muchas oportunidades de exploración. A pesar de ello, los bebés se interesan por tantas cosas que la amplitud o estrechez de su campo de acción es lo de menos. Si los padres utilizan su ingenio y toman las debidas precauciones, se sorprenderán de las maravillas que consigue su hijo aun en los espacios más pequeños. Sin embargo, si el bebé no tiene la oportunidad de pasear por todas las habitaciones y explorar diversos objetos y espacios, corre el riesgo de, muy a su pesar, concentrar excesivamente su atención en el padre con quien pasa más tiempo.

No deje de aprovechar, por ejemplo, las grandes posibilidades que le ofrece su cocina. De los seis a los veinticuatro meses, su bebé quizá pasará más tiempo en la cocina que en cualquier otro lugar de la casa. En cuanto los niños comienzan a gatear y caminar, la cocina adquiere enorme importancia en su proceso educativo, sobre todo en lo que se refiere precisamente a evitar las complacencias excesivas. Un par de muebles de cocina, unos cuantos cajones y un área de despensa (objetos cuya seguridad e inocuidad deben ser previamente verificadas) harán las delicias de su hijo durante periodos prolongados que sin duda se repetirán todos los días. Esto tenderá a ocurrir particularmente en el periodo de los ocho a los dieciocho meses, época durante la cual el proceso de socialización pasa por momentos muy importantes. Por lo demás, el acceso de su hijo al paraíso de la cocina no le costará a usted un centavo, a diferencia de los juguetes.

Otro sitio de la casa de gran atractivo para los bebés y nulo costo económico para los padres son las escaleras. Prácticamente no hay bebé de entre ocho y once meses, y más específicamente de entre nueve y diez, que no experimente grandes emociones en la aventura de subir las escaleras de su casa. Instale una pequeña puerta en el borde del tercer escalón, para asegurar que su bebé no se vendrá abajo desde una altura superior a los 40 centímetros, y coloque además una pequeña alfombra acojinada al pie de las escaleras. A su hijo le encantará que se le brinde la oportunidad de ascender por las escaleras, y usted no tendrá motivo de preocuparse de que pueda hacerse daño.

Hace tiempo visité a una familia que vive en un departamento cuya primera planta tiene una extensión aproximada de 4 metros cuadrados, superficie en la que se acomodan una sala y una pequeña cocina. Daniel, su adorable bebé de diez meses, comenzó a gatear en la sala con dirección a la cocina. Su madre se puso de pie de inmediato para colocar una silla que le impidiera entrar a la cocina. Le pregunté por qué lo hacía y me contestó: "Si entra a la cocina no lo puedo ver." De esta situación pueden desprenderse dos interesantes observaciones. La primera es que la madre de Daniel resultaba ser demasiado sobreprotectora. La segunda, que ni ella ni su esposo habían tomado hasta entonces la precaución de asegurar la cocina a fin de que no implicara ningún riesgo para el niño ni para los objetos y aparatos ahí instalados. En consecuencia, estaban escamoteándole al pobre Daniel la oportunidad de satisfacer su curiosidad, y obligándolo al mismo tiempo a concentrar su atención en su madre, quien a su vez lamentaría las desmedidas exigencias de su hijo para ser atendido.

Es muy sencillo hacer de una cocina un país de las maravillas para bebés de entre ocho o nueve meses y dos años de edad. No obstante, como las cocinas podrían ser lugares muy riesgosos, es necesario asegurarlas cuidadosamente, y permitirles el acceso a ellas, en un momento muy importante de la vida, de los pequeños, a fin de que puedan revisar cuanto mueble, cajón y despensa se interponga en su camino. Hágalo;

no durará toda la vida. He conocido cocinas "a prueba de bebés" compuestas por un par de muebles a disposición de los niños y seis o siete más de acceso "prohibido". Invariablemente les he dicho a los padres que las han acondicionado de esta forma que cometen un error, pues lo ideal sería que el bebé tuviera acceso a la mayoría de los muebles, no a la reducida minoría, mientras que a los adultos les resulta muy sencillo ingeniárselas para utilizar efectivamente sólo un par de los muebles de la cocina por una corta temporada.

Las cocinas resultan atractivas para los niños tanto porque las madres pasan mucho tiempo en ellas como porque contienen innumerables objetos que despiertan su curiosidad. Les encanta, por ejemplo, ver en operación las puertas batientes. Asimismo, la gran diversidad de envases, cazuelas y ollas les resulta fascinante.

Se habrá dado cuenta de que recomiendo prácticas de educación de los hijos que pueden implicar accidentes menores. Así, estoy completamente a favor de las andaderas y de su uso en el periodo de tres meses que va desde los cuatro y medio hasta el momento en que surge la habilidad de andar a gatas, siempre y cuando, por supuesto, los padres estén al cuidado de sus hijos. De igual modo, recomiendo el uso limitado de juguetes para saltar a partir de los cuatro y medio meses y hasta que el bebé ya no pueda usarlos por de su peso, habitualmente alrededor de los nueve. Lo menos que pueden hacer los padres es tomar toda clase de precauciones respecto de la disposición de muebles y utensilios domésticos antes de que el bebé comience a gatear, a fin de procurarle el máximo acceso a todos los sitios que desee explorar, lo cual me parece mucho mejor que confinarlo a un corralito o aplicar cualquier otra práctica que suponga aislamiento en un lugar reducido. Los bebés deben disponer de oportunidades ilimitadas para ascender por los dos primeros peldaños de las escaleras de su casa.

Todas estas recomendaciones tienen algo en común: se refieren a actividades del gusto de los bebés en determinadas épocas de su vida. Estimulan poderosamente sus intereses en satisfacer su curiosidad, dominar su cuerpo y disfrutar de sus habilidades motrices. La realización de estas actividades no sólo contribuye al equilibrio entre los intereses primarios del bebé y a la eliminación de oportunidades para complacencias excesivas, sino además son prácticas muy útiles para alentar el desarrollo infantil de los primeros años de vida, tal como lo señalo en mi libro *The First Three Years of Life*. Pasar mucho tiempo al lado de la madre parece ser una de las peores amenazas contra el equilibrio de los intereses primordiales del bebé. Si bien es cierto que muchas madres ocupan empleos de medio tiempo o tiempo completo fuera del hogar, todavía gran cantidad de madres suelen estar permanentemente al lado de su bebé durante sus primeros años. Esta situación no sólo puede dar lugar a innumerables tensiones, por más que en casa viva un solo hijo perfectamente saludable, sino también al desarrollo excesivo de la orientación hacia la madre (lo que supone una forma crónica de apego emocional).

Independientemente de que otra persona esté específicamente encargada del cuidado del bebé, durante los primeros dos años de vida la principal atención emocional de los niños se concentra invariablemente en la madre, incluso en el caso de hijos adoptados. Si durante los primeros meses la madre es la principal asistente del bebé, lo cual es muy común, el vínculo emocional entre ellos será para el niño el más importante de todos, aun si tiene nana que se ocupe de él la mayor parte del tiempo. Y aun si el padre tiende a ocupar el papel primordial en la atención del bebé, el principal interés emotivo seguirá dirigido a la madre, salvo en casos excepcionales. Esto se debe muy probablemente a que, en forma casi inevitable, entre madre e hijo se establecen lazos sumamente estrechos durante los primeros meses de vida.

Especialmente en aquellas situaciones en las cuales el bebé no tiene libre acceso a todos los sitios del hogar, si la madre permanece en casa la mayor parte del tiempo existe el riesgo de que su hijo se aferre a ella más de lo debido. Como consecuencia, el equilibrio de los intereses primarios del bebé pierde estabilidad. Lo anterior no ocurrirá, en cambio, si la madre adopta la costumbre de estar lejos de su bebé un par de horas al día.

Por lo tanto, le sugiero encarecidamente desprenderse, por periodos cortos pero regulares, de las responsabilidades propias de la educación de sus hijos entre los meses octavo y vigesimocuarto. Consiga a una persona que pueda ocuparse de su bebé cuando usted esté ausente. Además, salga con su bebé al parque, a un centro de diversiones, a lugares se organicen actividades para niños, o simplemente a pasear. Insisto en que el motivo de estas recomendaciones es la necesidad de su bebé de satisfacer eficazmente su curiosidad e interés y poner el cuerpo en acción.

Prácticamente no he mencionado los juguetes al referirme a las actividades de este importante periodo. Lo anterior es porque una vez que un bebé comienza a gatear, ningún juguete atraerá su atención por mucho tiempo. Habrá sin duda alguno que le atraiga en especial, tema al que ya me he referido. Sin embargo, ni siquiera éste podrá competir con el ansia de explorar la casa, gatear por todas partes, hacer crecientes esfuerzos por adoptar una postura erguida y pasear, pasear, pasear...

¿Y los abuelos?

Es bien sabido que los abuelos representan una enorme fuente de satisfacción para los nietos y se distinguen por consentirlos, pero su influencia no es determinante en la transformación de un bebé en un niño de dos años desagradable o no. Si se calcula el tiempo que los abuelos pasan al lado del bebé y se le compara con el de los padres, resulta obvio que los efectos de las probables complacencias de los abuelos sobre la formación de los niños son muy tenues. Por lo tanto, debe permitirse sin reserva alguna que bebés y abuelos convivan a placer. Claro que si, por un motivo u otro, los abuelos deben ser los responsables directos de los niños, la situación cambia por completo.

Paseos: Viaje ahora, pague después

Entre los siete y medio meses (o incluso antes) y hasta el segundo año de vida, los viajes entorpecen y complican el proceso de socialización de los bebés. La mayoría adopta un patrón de sueño razonable hacia los seis meses de edad, el cual consiste en acostarse entre las siete y nueve de la noche y levantarse entre las cinco y siete de la mañana, junto con dos siestas de hora y media en horas avanzadas de la mañana y la tarde, aunque existen toda clase de excepciones perfectamente normales.

Si su bebé tiene ocho meses de edad y ha adoptado un patrón de sueño estable, llevarlo de viaje a visitar a unos familiares o en plan vacacional tras el retorno a casa enfrentará problemas de sueño de su bebé hasta durante una semana. De acuerdo con nuestras investigaciones, entre los siete y medio y los veinte meses de edad la prolongación de estos problemas de sueño depende directamente de la duración del viaje, aunque aun en caso de paseos cortos las consecuencias sobre el sueño suelen ser notorias: el bebé se resistirá a dormir una siesta o dormirá menos tiempo durante la noche. Aunque este comportamiento es absolutamente normal, lamentablemente ocurre durante los meses experimentación del bebé con la insistencia en hacer su voluntad. No obstante, complicaciones de esta clase también pueden ser ocasionadas por enfermedades menores. Así pues, no siempre es fácil saber si el motivo de las conductas irregulares de su hijo es su tendencia a demandas excesivas o una molestia física de consideración.

Los efectos de la presencia de una nana en el desarrollo social de su hijo

Si, por un motivo u otro, recurre usted a los servicios de una nana, indudablemente se beneficiará, pero no pierda de vista la posibilidad de ciertos riesgos. Todo depende de lo cuidadosa y afortunada que sea su elección. Supongo que a estas alturas estará convencido de que las primeras experiencias de su bebé ejercerán una influencia muy poderosa en su futuro y desarrollo. De ser así, es lógico que busque a una persona que garantice los mejores resultados al hacerse cargo de su hijo .

Le sugiero tomar en cuenta los siguientes factores. Obviamente deseará que la nana de su bebé sea una persona afectuosa, inteligente y experimentada. Una persona capacitada, sobre todo, representaría para usted una elección ideal, pero como la educación formal sobre esta materia es prácticamente inexistente, más vale buscar personas dotadas de un gran sentido común.

Es importante que la persona que vaya a atender a su bebé comparta sus ideas acerca de la educación de los niños. Quizá la nana sea de opiniones muy rígidas con las cuales usted no esté de acuerdo. Lo planteo de esta forma porque suele ocurrir que entre más experimentada sea una persona, mayores probabilidades existan de que tarde o temprano surja un problema de esta clase. Puede suceder que la persona a quien usted contrate esté convencida de que para no volver consentido a un niño es necesario no tener con él contemplaciones de ninguna especie desde que es bebé, y por lo tanto no le permita a su hijo de diez meses "hacer tiradero" en la cocina cuando juega ahí. Como puede ver, las ideas de la nana sobre la disciplina pueden ser muy distintas a las de usted.

Por lo demás, como los niños aprenden las dos terceras partes de su lenguaje básico durante sus primeros tres años, y la habilidad de lenguaje es de suma importancia en este periodo, será necesario que usted preste especial atención a este asunto. El lenguaje común de las nanas no suele coincidir con el de las familias. No se trata de que su nana sea una experta en el manejo de la lengua, pero tampoco deberá permitir el uso de un vocabulario inapropiado.[1]

Lo ideal sería asegurarar que dispondrá de los servicios de nana durante un lapso prolongado. En caso de abandonar pronto el hogar, los efectos sobre su bebé dependerán de la edad y del grado de intensidad de sus relaciones con aquella persona. Si en el periodo transcurrido entre los siete y los veinticuatro meses la nana ha convivido con su bebé un par de meses durante ocho o nueve horas diarias, es lógico que hayn formado estrechos vínculos. Así, en caso de renuncia de la nana, muy probablemente su hijo lo resentirá durante varios días. Usted deberá empeñar esfuerzos extra para que en cuestión de una semana recupere su estado normal, a fin de evitar la persistencia de efectos negativos por esta causa. Si la nana vivió en casa en forma permanente uno o dos años a partir del nacimiento del bebé y de pronto la abandona, las consecuencias pueden ser mucho más serias.

Entre más pequeño sea su bebé al momento de contrar a una persona para asistirlo, mayor debería ser el periodo en que ésta permaneciera en el hogar. Si su hijo acaba de nacer, cerciórese de que contará con la nana durante cuando menos dos años y medio ininterrumpidos. Si su bebé tiene dieciocho meses, bastará con garantizar un año de trabajo de la nana. Claro que lo mejor sería contar con ella por tiempo indefinido, pero siempre se corre el riesgo de que la nana no resulte del gusto de la familia.

Desarrollo social y felicidad

Estoy seguro de que desea tanto que su hijo sea feliz como que crezca con una educación sólida. En el caso de primogénitos en el seno de una familia cariñosa, no sujeta a problemas graves producto de la enfermedad o la pobreza, el proceso de socialización de los primeros años se combina con la evolución de la felicidad o su contrario. Dicho sin ambages, esto quiere decir que si llegado a los veintisiete meses su hijo da muestras de pésima educación, será sin duda un niño infeliz, mientras que si para entonces posee una educación sólida, será en cambio un ser sumamente dichoso. He dedicado este libro fundamentalmente al desarrollo de los intereses, estilos y habilidades sociales, y por lo tanto las referencias a la felicidad de los niños han sido ciertamente marginales. Trataré, entonces, de hacer una descripción lo más clara posible acerca de la evolución de este importante concepto.

Es muy sencillo identificar a partir de qué momento un niño o niña puede comenzar a sentirse infeliz: el llanto del recién nacido no suele indicar, en efecto, más que infelicidad. Identificar, en cambio, los primeros signos de felicidad es un poco más difícil. Todos sabemos cuáles son las muestras de la felicidad: las sonrisas, las carcajadas, los alaridos de júbilo son indicadores más que confiables. Los bebés no suelen tener estas conductas durante sus diez primeras semanas de vida. Quizá la experiencia más cercana a la felicidad que viven en este periodo sea el alivio que transpiran una vez satisfechas sus necesidades. ¿Qué puede hacer usted por su bebé en esas primeras semanas? Evitarle la mayor cantidad de molestias posible.

Durante el periodo entre la aparición de las primeras sonrisas continuas (de las ocho a las doce semanas) y el llanto intencional (de los cinco y medio a los seis meses), usted deberá seguir reduciendo de las incomodidades de su bebé, pero además podrá contribuir más abiertamente a su dicha si juega con él y le procura actividades de su interés. Para conseguirlo es suficiente con crearle el ambiente físico adecuado. Así, por ejemplo, algunos espejos y juguetes que le permitan desarrollar sus habilidades manuales/visuales y su inquietud por saltar lo harán inmensamente feliz hacia mediados del cuarto mes.

Estos dos deberes de los primeros seis meses —reducción al mínimo de las molestias físicas (debidas al hambre, los gases o las enfermedades) y ofrecimiento de oportunidades de diversión— son esenciales para el buen desarrollo del bebé durante sus primeros tres años. En los primeros seis meses, en cambio, su bebé no está expuesto a la infelicidad producto de las experiencias interpersonales. Uno de los primeros signos del inicio de una nueva e importante etapa es cuando su bebé aleje de sí una cuchara a la hora de la comida y emita una exclamación de rechazo a los intentos por alimentarlo. A partir de ese momento, su estilo de socialización será decisivo en el grado de felicidad cotidiana de su hijo.

De los siete y medio a los catorce meses, su éxito tanto en la fijación de límites como en la enseñanza a su bebé del libramiento de incidentes menores será determinante en su felicidad. Una fijación de límites ineficaz y la tendencia a exagerar hasta los percances más insignificantes harán de su hijo a los catorce meses un bebé inclinado al llanto y permanentemente insatisfecho. A los catorce meses la felicidad depende en gran medida de qué tan exitosa haya sido la socialización durante los ocho meses anteriores.

El mayor obstáculo que suelen enfrentar los padres para lograr una fijación de límites eficaz es su tendencia a dejarse vencer por el llanto de su bebé. Paradójicamente, la garantía de los mejores resultados a largo plazo implica por lo general episodios en los cuales los padres deben causar a sus hijos una infelicidad fugaz. Esta situación no varía mayormente a lo largo de los primeros veintidós meses. En ocasiones su resistencia a ceder a las peticiones de su hijo será un motivo de tristeza, pero es inevitable que suceda durante el periodo de "experimentación con la autoridad", de los catorce a los veintidós meses, a fin de procurar los mejores resultados de largo plazo. En circunstancias ideales, estos episodios tenderán a disminuir hacia los diecinueve o veinte meses y serán excepcionales a partir de los veintidós. Si después de esta fecha sucesos de esta naturaleza se vuelven, por el contrario, más frecuentes e intensos, la causa será la fallida fijación de límites.

Es increíble que bebés nacidos en hogares llenos de amor y que para los cuatro meses de edad han recibido generosas muestras de alegría y hasta euforia por su presencia, arriben a los dos años de edad convertidos en niños profundamente insatisfechos y proclives a las quejas de toda clase, mientras que otros alcanzan esta edad en medio de la felicidad más estruendosa. Es increíble, sí, pero sucede.

Comentario final: Tenga cuidado

Gracias a los extraordinarios avances conseguidos desde fines de la década de los sesenta, en la investigación sobre la materia, nuestro conocimiento de los detalles del desarrollo social temprano es ahora mucho más profundo. A pesar de ello, aún nos falta bastante por conocer. La información acerca de los bebés y de la mejor manera de educarlos puede encontrarse en todo tipo de libros, periódicos, revistas y programas de radio y televisión, para no mencionar las sugerencias de amigos y familiares. Pero, ¡ay de aquellos que pretenden salir adelante por sí solos! Siempre he sostenido que los padres por primera vez requieren de considerable ayuda, razón por la cual me empeñé en instituir nuestro curso de "Los nuevos padres como maestros".

Habrá usted advertido que en este libro ni siquiera mencione muchos temas sociales de importancia. Casi no hay referencia a la seguridad en uno mismo, la identidad personal y el respeto que el individuo se debe a sí mismo, como tampoco a las emociones, que sin dejar de estar presentes en estas páginas habrían merecido un tratamiento mucho más extenso en razón de su relevancia. El motivo de tales omisiones no es que yo crea que estos asuntos carecen de importancia, sino más bien no me siento debidamente capacitado para especular sobre ellos. Me habría sentido incómodo haciendo recomendaciones sobre esos temas, aunque por supuesto que, como cualquier persona interesada en los bebés, habría podido hacer muchas.

Me limitaré, pues, a darle un consejo: tenga cuidado. Buena parte de la información que circula sobre esta materia carece de fundamentos, y sigue habiendo muchas preguntas sobre el particular para las cuales todavía no existen respuestas serias. Mantenga, así, cierto escepticismo, porque difícilmente puede decirse que sean correctos muchos comentarios que van y vienen por todas partes.

Notas:

[1] Los bebés son muy aptos para adquirir más de un idioma en los primeros años de vida. Quizá convenga, entonces, que la persona contratada para asistir a su bebé le ayude a hacer de él un hablante bilingüe. En opinión de los lingüistas, en caso de ser así lo más recomendable es que cada adulto haga uso permanente de su lengua materna en sus relaciones con el bebé, no que pase indistintamente de una lengua a otra.

CAPÍTULO 7

CONCLUSIONES

Pocos temas me interesan tanto como el desarrollo social de los bebés. Presenciar la transformación de un recién nacido en un encantador y sensible bebé de cinco meses; verlo avanzar después desde las inocentes exploraciones sociales de los siete a los doce meses hasta la incipiente conciencia de su identidad y de su floreciente capacidad para las relaciones interpersonales a sus quince meses, y atestiguar su difícil aprendizaje de todo lo relativo a la autoridad, es sencillamente una experiencia de satisfacciones inagotables. El resultado de todo este proceso es un individuo de dos años de edad sumamente complejo, realizado y cautivador.

Seguramente usted ha tenido también oportunidad de seguir este proceso, aunque muy probablemente como padre o madre, no como observador. Indudablemente que para usted el impacto emocional de las experiencias cotidianas, y especialmente de los cambios más radicales, ha sido muy profundo. Su papel ha consistido en brindara su hijo el amor que necesita para iniciar sólidamente su desarrollo emocional, así como en enseñarle a relacionarse con los demás mostrándole qué significa vivir en familia. Espero que la información contenida en este libro le depare a usted aún mayores satisfacciones. Pero espero también que le haya sido de utilidad para evitar en adelante muchas de las innecesarias angustias que suelen acompañar a los esfuerzos de los padres en la educación de sus hijos. Es mi deseo, finalmente, que esta información pueda servirle para ofrecera sus hijos las mejores condiciones en su despertar a la vida.

Le queda aún mucho camino por recorrer. El ingreso a la escuela, los riesgos de la adolescencia y las preocupaciones del resto de la vida de sus hijos. Sin embargo, durante los tres primeros años de su vida usted habrá desempeñado una función de singular importancia en la colocación de los cimientos de su vida social y emocional. Si ejerce correctamente esta función, les dará la extraordinaria lección de que son personas dignas de amor e individuos únicos y sumamente importantes, pero no más que todos los demás. Nada de lo que haga por sus hijos en el futuro tendrá consecuencias más valiosas para su felicidad.

LECTURAS RECOMENDADAS

Unos cuantos libros podrán serle de gran utilidad en la mejor educación de sus hijos.

B. White, *The First Three Years of Life*. Prentice Hall Press, Nueva York, 1991.

El propósito de este libro, cuya primera edición data de 1975, es ofrecer una visión completa de los primeros años de vida de un bebé desde una perspectiva educativa. La intención es ayudar a los padres a conseguir que sus hijos lleguen a los tres años de edad siendo personas maravillosas. La información contenida es resultado de más de 34 años de investigación sobre el desarrollo óptimo en los comienzos de la vida. A diferencia de este libro, que se concentra particularmente en la socialización, en éste se abordan progresos tan importantes como el dominio del cuerpo, la evolución de los sentidos de la vista y el oído, el desarrollo de la inteligencia y el lenguaje y las continuas modificaciones en los intereses de los bebés. Asimismo, se describen los avances, mes con mes, de las principales habilidades, las diferencias más comunes, los riesgos habituales de que no se obtengan los resultados deseados y las prácticas de paternidad/maternidad aparentemente más eficaces.

J. Piaget, *The Origins of Intelligence in Children*. International Universities Press, Nueva York, 2a. ed., 1952. (*El nacimiento de la inteligencia en el niño*. Grijalbo/CNCA, México, colección Los Noventa núm. 15, 1990.)

Piaget es sin duda alguna el investigador que más conocimientos ha aportado sobre el desarrollo de la inteligencia humana. Todas sus obras merecen ser consideradas clásicas. Tan es así que hasta ahora no puede disponerse de nada mejor para la comprensión del funcionamiento de la inteligencia de los bebés. Por este y otros motivos, se le tendrá siempre por un auténtico genio.

Sus textos, sin embargo, son de muy difícil lectura. Apenas unos cuantos académicos suelen frecuentarlos. Si sus intentos de leerlo resultan fallidos, le recomiendo recurrir al excelente libro de Singer y Revenson que se comenta a continuación. Sin embargo, si extrae de esta obra de Piaget algunos conocimientos sobre el funcionamiento de la mente de su bebé durante sus dos primeros años, disfrutará aún más de su hijo, se ahorrará algunas tensiones innecesarias y enriquecerá enormemente su papel como primer amigo y maestro de su bebé.

D. Singer y T. Revenson, *Piaget Primer: How a Child Thinks*. Plume Books, New American Library, Nueva York, 1978.

Dorothy G. Singer y su esposo, Jerome, han destacado durante más de 25 años por sus estudios sobre el desarrollo humano. Son de los pocos autores no solamente muy bien informados, sino también capaces de reconocer que hay cosas que no saben. Escrito en colaboración con T. Revenson, este libro de la señora Singer le facilitará la comprensión de las ideas de Piaget acerca del funcionamiento de la mente infantil. Se lo recomiendo ampliamente.

F. Maynard, *The Child Care Crisis*. Penguin Books, Nueva York, 1986.

El cuidado de niños y bebés por otras personas sigue siendo un tema polémico y controvertido. Este libro constituye un útil y reflexivo análisis en este sentido. Su lectura es obligada para todas aquellas personas que han pensado recurrir a los servicios de atención infantil durante los primeros años de vida de sus hijos.

R. Bush, *A Parent's Guide to Child Therapy*. Delacorte Press, Nueva York, 1980.

Si en las cercanías del tercer aniversario de su hijo usted comienza a sentirse insatisfecho con su comportamiento social (a pesar de haber leído mi libro), podrá conocer mejor los síntomas por atacar mediante la lectura de este otro, en el que encontrará una razonable y muy completa introducción al tema de la terapia infantil. El título de la primera parte es, por ejemplo, "Cuándo, dónde y cómo obtener ayuda"; le aseguro que la información sobre el particular es abundante. La visión del autor es realista, pero tranquilizadora. Su tratamiento del tema es conciso y exacto, y su sentido común bastante inusual.

ÍNDICE ANALÍTICO